Heimann
Staatsrecht II

Staatsrecht II

Grundrechte

von

Dr. Markus Heimann

Professor an der Fachhochschule des Bundes
für öffentliche Verwaltung

2013

C.H.BECK

www.beck.de

ISBN 978 3 406 63283 9

© 2013 Verlag C.H. Beck oHG
Wilhelmstraße 9, 80801 München
Druck: Nomos Verlagsgesellschaft
In den Lissen 12, 76547 Sinzheim

Satz: DTP-Vorlagen des Autors

Gedruckt auf säurefreiem, alterungsbeständigem Papier
(hergestellt aus chlorfrei gebleichtem Zellstoff)

Vorwort

Dieses Buch setzt Kenntnisse der Grundrechte voraus: Es soll der Wiederholung dienen, beispielsweise vor Klausur oder mündlicher Prüfung, nicht aber der erstmaligen Erarbeitung des Stoffes. Inhalt und Darstellung beschränken sich daher auf das aus Sicht des Verfassers für dieses Ziel Wesentliche, ausführliche Herleitungen und Begründungen müssen ebenso fehlen wie die eingehende Auseinandersetzung mit Rechtsprechung und Literatur. So wird eine prüfungsorientierte Wegweisung durch die umfangreiche und komplexe Materie der Grundrechte versucht, die dem Leser vielleicht auch die eine oder andere gedankliche Klarstellung und Weiterführung bietet. Als Fallbeispiele wurden klassische und aktuelle Entscheidungen des Bundesverfassungsgerichts ausgewählt, die zum verfassungsgerichtlichen Entscheidungskanon jedes Studierenden gehören sollten.

Frankfurt am Main, April 2013   *Hans Markus Heimann*

Inhaltsverzeichnis

Inhaltsverzeichnis

Abkürzungsverzeichnis

IFG	Gesetz zur Regelung des Zugangs zu Informationen des Bundes (Informationsfreiheitsgesetz)
i. V. m.	in Verbindung mit
JGG	Jugendgerichtsgesetz
Kap.	Kapitel
NJW	Neue Juristische Wochenschrift
OLG	Oberlandesgericht
PartG	Gesetz über die politischen Parteien (Parteiengesetz)
PaßG	Paßgesetz
S.	Seite(n)
StAG	Staatsangehörigkeitsgesetz
StBerG	Steuerberatungsgesetz
StGB	Strafgesetzbuch
StPO	Strafprozeßordnung
StVollzG	Gesetz über den Vollzug der Freiheitsstrafe und der freiheitsentziehenden Maßregeln der Besserung und Sicherung (Strafvollzugsgesetz)
UIG	Umweltinformationsgesetz
UrhG	Gesetz über Urheberrecht und verwandte Schutzrechte (Urheberrechtsgesetz)
VersG	Versammlungsgesetz
VGH	Verwaltungsgerichtshof
vgl.	vergleiche
VIG	Gesetz zur Verbesserung der gesundheitsbezogenen Verbraucherinformation (Verbraucherinformationsgesetz)
WBO	Wehrbeschwerdeordnung
WRV	Verfassung des Deutschen Reichs vom 11. August 1919 (Weimarer Reichsverfassung)
z. B.	zum Beispiel

Literaturverzeichnis

Lehrbücher:

Benda/Klein	Verfassungsprozessrecht, 3. Auflage 2012.
Bumke/Voßkuhle	Casebook Verfassungsrecht, 5. Auflage 2008.
Fleury	Verfassungsprozessrecht, 9. Auflage 2012.
Hesse	Grundzüge des Verfassungsrechts der Bundesrepublik Deutschland, 20. Auflage 1999.
Hillgruber/Goos	Verfassungsprozessrecht, 3. Auflage 2011.
Hufen	Staatsrecht II: Grundrechte, 3. Auflage 2011.
Ipsen	Staatsrecht II Grundrechte, 15. Auflage 2012.
Kloepfer	Verfassungsrecht Band II Grundrechte, 2010.
Manssen	Staatsrecht II Grundrechte, 10. Auflage 2013.
Pestalozza	Verfassungsprozeßrecht, 3. Auflage 1991.
Pieroth/Schlink	Grundrechte. Staatsrecht II, 28. Auflage 2012.
Sachs	Verfassungsprozessrecht, 3. Auflage 2010.
Schlaich/Korioth	Das Bundesverfassungsgericht, 9. Auflage 2012.
Stein/Frank	Staatsrecht, 21. Auflage 2010.

Fallsammlungen:

Heimann/Kirchhof/ Waldhoff	Verfassungsrecht und Verfassungsprozessrecht, 2. Auflage 2010.

Kommentare:

Dreier (Hrsg.)	Grundgesetz-Kommentar, 2. Auflage 2004–2008.
Epping/Hillgruber (Hrsg.)	Grundgesetz, 2009.
Friauf/Höfling (Hrsg.)	Berliner Kommentar zum Grundgesetz, Stand 2012.
Jarass/Pieroth	Grundgesetz für die Bundesrepublik Deutschland, 12. Auflage 2012.
Kahl/Waldhoff/Walter (Hrsg.)	Bonner Kommentar zum Grundgesetz, 160. Ergänzungslieferung 2012
Maunz/Dürig (Hrsg.)	Grundgesetz, 67. Ergänzungslieferung 2013.
Maunz/Schmidt-Bleibtreu/ Klein (Hrsg.)	Bundesverfassungsgerichtsgesetz, 38. Ergänzungslieferung 2012.
v. Mangoldt/Klein/Starck (Hrsg.)	Kommentar zum Grundgesetz, Band 1–3, 6. Auflage 2010.
von Münch/Kunig (Hrsg.)	Grundgesetz-Kommentar, 6. Auflage 2012.
Sachs (Hrsg.)	Grundgesetz, 6. Auflage 2011.

Handbücher:

Benda/Maihofer/Vogel (Hrsg.)	Handbuch des Verfassungsrechts der Bundesrepublik Deutschland, 2. Auflage 1994
Isensee/Kirchhof (Hrsg.)	Handbuch des Staatsrechts, Band I–X, 3. Auflage 2003–2012.
Merten/Papier (Hrsg.)	Handbuch der Grundrechte in Deutschland und Europa, Band I–IV, VI/1–VI/2, 2004–2012.
Stern	Das Staatsrecht der Bundesrepublik Deutschland, Bd. I 2. Auflage 1984, Bd. II–V 1980–2008.

Kapitel 1. Grundlagen

A. Formen und Rechtsnatur der Grundrechte

Abstrakt formuliert sind Grundrechte zuallererst **subjektiv- 1 öffentliche Rechte**, die sich im ersten Abschnitt des Grundgesetzes finden; dies sind die **Art. 1 bis 19 GG.** Subjektiv-öffentliche Rechte verleihen einem Einzelnen die Rechtsmacht, von einem Träger öffentlicher Gewalt ein Tun oder Unterlassen zu verlangen. Dies unterscheidet die im Grundgesetz niedergelegten Grundrechte von Menschenrechten: Während die Grundrechte staatliches Recht darstellen, entstammt der Begriff der Menschenrechte – vom Schutzinhalt weitgehend identisch – einer philosophischen Kategorie und verkörpert eine dem Menschen zugeschriebene Idee. Allerdings kann diese in Ausnahmesituationen wie beispielsweise der strafrechtlichen Aufarbeitung staatlichen Unrechts durchaus rechtliche Wirkungen entfalten. Zu beachten ist aber, dass die in der Europäischen Menschenrechtskonvention niedergelegten Menschenrechte in Deutschland rechtliche Wirkung entfalten, da sie als völkerrechtlicher Vertrag vereinbart worden sind.

Grundrechte sind als Bestandteil des Grundgesetzes Teil des öffent- 2 lichen Rechts. Zugleich stehen sie über der sonstigen Rechtsordnung, denn Art. 1 Abs. 3 und Art. 20 Abs. 3 GG **binden alle Gewalten** einschließlich der Gesetzgebung an die Grundrechte; daraus folgt, dass auch die Parlamentsgesetze mit den Grundrechten vereinbar sein müssen. Aus dieser Bindung lässt sich die bekannte **„Normenhierarchie"** entwickeln.

Wenngleich die Grundrechte selbst also dem öffentlichen Recht zu- 3 zurechnen sind, **wirken** sich ihre objektiv-rechtlichen Gehalte doch **auf alle Rechtsgebiete** aus, da der Staat auch dort (z. B. in Form eines Gesetzes, durch ein Gerichtsurteil) eingreifend tätig werden kann. Insofern haben Grundrechte gerade auch für das Privatrecht, also das Zivil- und Arbeitsrecht, eine große, allerdings vielfach umstrittene Bedeutung. Für das Straf-, Sozial und Steuerrecht als weitere Gebiete des öffentlichen Rechts ist die immense Wirkung der Grundrechte ohnehin offensichtlich.

Schließlich sind noch zwei weitere Differenzierungen erforderlich: 4 Zum einen sind in den Art. 1 bis 19 GG nicht nur Grundrechtsgewährleistungen enthalten, sondern auch im weitesten Sinne grundrechtsorganisatorische und mit Grundrechten korrespondierende Normen enthalten. Zum anderen existieren außerhalb des ersten Abschnitts weitere grundrechtsartige subjektiv-öffentliche Rechte, die als **„grundrechtsgleiche Rechte"** bezeichnet werden und genauso wie die eigentlichen Grundrechte auch im Wege der Verfassungsbeschwerde vom Bundesverfassungsgericht überprüft werden können. Diese sind nach der Aufzählung in Art. 93 Abs. 1 Nr. 4 a GG: das Widerstandsrecht (Art. 20 Abs. 4 GG), der Zugang zu öffentlichen Ämtern (Art. 33 GG), das Wahlrecht (Art. 38 GG) sowie bestimmte prozessuale Rechte (die „Justizgrundrechte", Art. 101, 103 und 104 GG).

B. Verhältnis zu anderen Grund- und Menschenrechten

5   Die Grundrechte des Grundgesetzes und ihre dogmatische Ausgestaltung durch das BVerfG können mit anderen Grundrechtskonzeptionen in ihrer jeweiligen gerichtlichen Ausgestaltung, selbst wenn die Normwortlaute vergleichbar sind, in Konflikt treten. Diese Problematik spielt vor allem im Verhältnis zu den **Grundrechten der Europäischen Union** und dem **sonstigen europäischen Gemeinschaftsrecht** sowie zur **Europäischen Menschenrechtskonvention** eine Rolle; aber auch in Bezug auf die in den **Verfassungen der Länder** gewährten Grundrechte und die Rechtsprechung der Landesverfassungsgerichte können Irritationen auftreten. Daher ist zu klären, welche Verbindlichkeit den verschiedenen Gewährleistungen und den hierzu ergangenen gerichtlichen Entscheidungen zukommt; dies ist letztlich eine Frage ihrer normenhierarchischen Einordnung.

I. Verhältnis zu Grundrechten der Länder

6   Die Grundrechte des Grundgesetzes und derjenigen Landesverfassungen, die Grundrechte enthalten, existieren nebeneinander in getrennten Verfassungsräumen des Bundesstaates. Ihr Verhältnis zueinander ist im Grundgesetz geregelt: Die Länder haben die originäre Kompetenz zum Erlass von Verfassungsnormen aller Art, Landesverfassungsrecht ist daher immer kompetenzgemäß im Sinne der Art. 70 ff. GG. Inhaltliche Kollisionen sind über Art. 31 und Art. 142 GG zu lösen: Hiernach behalten Landesgrundrechte, die mit solchen des Grundgesetzes übereinstimmen, ihre Geltungskraft; solche, bei denen dies nicht der Fall ist und die mit einfachem Bundesrecht kollidieren, werden nach Art. 31 GG verdrängt.

7   Die **Doppelverbürgung der Grundrechte** sowohl im Grundgesetz als auch in den meisten Landesverfassungen führt, sofern dort die

Verfassungsbeschwerde vorgesehen ist (in unterschiedlicher Ausgestaltung in Baden-Württemberg, Bayern, Berlin, Brandenburg, Hessen, Mecklenburg-Vorpommern, Rheinland-Pfalz, im Saarland, in Sachsen, Sachsen-Anhalt und Thüringen) **grundsätzlich** zur **„Zweigleisigkeit"** auch **in der gerichtlichen Durchsetzung.** Es besteht also grundsätzlich Raum für gleichzeitige Verfahren vor beiden Gerichten. Differenziert werden muss allerdings, wenn eines der beiden Verfassungsgerichte eine Entscheidung trifft, während das andere Verfahren noch anhängig ist: Geben das Bundesverfassungsgericht oder das Landesverfassungsgericht einer Verfassungsbeschwerde statt, entfällt für das jeweils andere Verfahren der Beschwerdegegenstand; es wird also unzulässig. Weisen hingegen das Bundesverfassungsgericht oder das Landesverfassungsgericht die Beschwerde ab, bleibt das jeweils andere Verfahren anhängig, weil die Gerichte nur über Grundrechtsverletzungen in ihren eigenen Verfassungsräumen entscheiden können und der jeweils andere hiervon nicht berührt wird. Zu berücksichtigen ist schließlich, dass einzelne Landesverfassungsgerichtsgesetze die Unzulässigkeit der Landesverfassungsbeschwerde vorsehen, wenn gleichzeitig Verfassungsbeschwerde zum Bundesverfassungsgericht eingelegt wird oder sogar nur eine Zuständigkeit des Bundesverfassungsgerichts gegeben ist. Für das BVerfG haben Entscheidungen der Landesverfassungsgerichte also keine rechtlichen Auswirkungen.

II. Verhältnis zum Europäischen Gemeinschaftsrecht und den Grundrechten der Europäischen Union

Gegenüber der Anwendung des Europäischen Gemeinschaftsrechts **8** treten die deutschen Grundrechte zurück, wenn dieses verbindliche inhaltliche Bindungen für die Mitgliedsstaaten enthält, selbst wenn es mit den Grundrechten des Grundgesetzes inhaltlich nicht vereinbar wäre (**Anwendungsvorrang des Gemeinschaftsrechts**). Das BVerfG behält sich allerdings vor, die sich aus Art. 23 Abs. 1 Satz 3 GG ergebende **absolute Grenze des Art. 79 Abs. 3 GG** und die hieraus folgenden absoluten Grundrechtsstandards für die Übertragung von Hoheitsrechten zu überprüfen – ein erfolgreiches Verfahren vor dem BVerfG in dieser auch politisch sehr brisanten Problematik gab es jedoch noch nicht. Dort, wo das Gemeinschaftsrecht bei seiner Umsetzung in die deutsche Rechtsordnung oder bei seinem Vollzug Gestaltungsspielräume für die deutsche Staatsgewalt eröffnet, gilt nach Auffassung des BVerfG jedoch die Bindung an die deutschen Grundrechte.

Die Grundrechte der Charta der Grundrechte der EU gilt nach **9** Art. 51 GRC sowohl für alle EU-Organe als auch für die Mitgliedstaaten allein bei der „Durchführung" des Unionsrechts. Die Anwendung des Unionsrechts führt also zu einer Bindung auch der deutschen Staatsgewalt an die GRC, im übrigen aber bleibt es bei der alleinigen Geltung der Grundrechte des Grundgesetzes.

III. Verhältnis zu den Menschenrechten der Europäischen Menschenrechtskonvention

10   Die EMRK besitzt im Gegensatz zum Europäischen Gemeinschafts-recht **keinen Anwendungsvorrang gegenüber dem Grundgesetz**, sie hat nach Art. 59 Abs. 2 Satz 1 GG den Rang einfachen Bundesrechts. Dennoch sind die Vorgaben der Konvention, so das BVerfG (BVerfGE 111, 307 ff.), bei der Anwendung des einfachen Rechts grundsätzlich **zu berücksichtigen:** Dies bedeutet, dass im Rahmen von Auslegungs-und Abwägungsspielräumen deutsche Gerichte eine Pflicht zur konventionsgemäßen Auslegung haben. Eindeutig entgegenstehendes Gesetzesrecht und das Verfassungsrecht, insbesondere die Grundrechte Dritter, gehen der EMRK und ihrer Auslegung durch den EGMR immer vor. Die EMRK genießt also nicht automatisch Vorrang vor anderem Bundesrecht.

C. Funktion der Grundrechte

11   Bei der Befassung mit Grundrechten ist stets ihre Funktion im Blick zu behalten, um die Zielrichtung ihres Schutzes herausarbeiten zu können. Auch dürfen nicht staatsorganisationsrechtliche Fragestellungen am Maßstab der Grundrechte geprüft werden.

I. Abwehrrechte

12   Ein Grundrecht ist in seiner klassischen Funktion zunächst einmal ein **Abwehrrecht** des Individuums **gegenüber dem Staat**. Staat bedeutet dabei, dass − wie im bereits erwähnten Art. 1 Abs. 3 GG angeführt − alle drei Gewalten gemeint sind, wobei insbesondere die Legislative hervorzuheben ist: Bis 1949 war in Deutschland die Überprüfung von Parlamentsgesetzen durch ein Gericht am Maßstab der Grundrechte nicht vorgesehen, und es ist bis heute durchaus diskussionswürdig, ob ein Gericht die vom Parlament als dem am stärksten demokratisch legitimierten Organ erlassenen Rechtsakte überprüfen können soll. Auch international ist dies nicht überall der Standard (vgl. z. B. England mit dem Primat des Parlaments bis heute, andererseits die Überprüfungspraxis des Supreme Court in den USA seit 1803). Der Einzelne hat nach der Konzeption des Grundgesetzes als Ausdruck dieses

„status negativus" (*G. Jellinek*) prinzipiell also das Recht, einerseits vom Staat „in Ruhe gelassen" zu werden und andererseits tun zu können, was er möchte. Dies bedeutet allerdings nicht, dass der Einzelne dies auch tatsächlich in jedem Fall machen dürfte: Hält der Staat eine Beschränkung für notwendig (wie dies in der Realität vieltausendfach der Fall ist), ist dies grundsätzlich möglich; aus einer solchen Grundrechtskonzeption folgt aber, dass alle Handlungen des Staates, die in ein Grundrecht des Individuums eingreifen, rechtfertigungsbedürftig sind, weil sie am Maßstab eben dieses Grundrechts überprüft werden können.

II. Objektive Schutzpflichten

Daneben werden Grundrechten heute weitere Funktionen zugespro- **13** chen: Zum einen werden aus Grundrechten objektive Schutzpflichten insbesondere **für den Gesetzgeber** abgeleitet. Dies bedeutet, dass der Staat verpflichtet ist, grundrechtlich geschützte Rechtsgüter – also alle Rechtsgüter, die in einem Freiheitsgrundrecht genannt werden – auch gegen nichtstaatliche Beeinträchtigungen, beispielsweise durch private Dritte oder Naturgewalten, zu schützen. Zu beachten ist dabei, dass das BVerfG objektive Schutzpflichten stets anhand konkreter Ausgestaltungen des Gesetzgebers bejaht hat, es jedoch bisher nicht zugelassen hat, unter Berufung auf die objektive Schutzpflicht staatliche Organe zu konkreten Maßnahmen zu verpflichten.

Beispiel: Das BVerfG hat in seinen beiden Entscheidungen zum Schwangerschaftsabbruch (BVerfGE 39, 1 ff.; 88, 203 ff.) die Verpflichtung des Staates festgestellt, das werdende Leben auch im Mutterleib zu schützen.

III. Leistungs- und Teilhaberechte

Demgegenüber wird die Ableitung von Leistungsrechten aus Grund- **14** rechten ganz überwiegend abgelehnt, weil die Verteilung staatlicher Ressourcen nicht am Maßstab des Rechts vorgenommen werden kann, sondern eine politische Entscheidung und damit Aufgabe des Parlaments ist; auch kann der Staat über private Ressourcen – von der wirtschaftlichen Sinnlosigkeit ganz abgesehen – nicht verfügen, da deren private Inhaberschaft gerade Inhalt des Schutzes von Grundrechten ist. Nur ausnahmsweise hat das BVerfG Leistungsrechte aus den Grundrechten abgeleitet: so die finanzielle Förderung von Privatschulen aus Art. 7 abs. 4 und 5 GG oder die funktionsgerechte Finanzierung des öffentlich-rechtlichen Rundfunks aus Art. 5 Abs. 1 Satz 2 GG.

15   Im übrigen sind Gewährleistungen dieser Art, die auch als „soziale Grundrechte" bezeichnet werden und sich beispielsweise in einzelnen Landesverfassungen finden, als **Staatszielbestimmungen,** nicht aber als einklagbare Garantien zu verstehen. Wichtiger bei der Verteilung staatlicher Leistungen ist der Gleichheitssatz nach Art. 3 Abs. 1 GG, aus dem ein **Anspruch auf gleiche Teilhabe** folgt.

16   Schließlich werden Grundrechten auch Funktionen als Mitwirkungs- und Verfahrensrechte, als institutionelle Garantien oder in der Organisation zugeschrieben. Alle diese Funktionszuschreibungen mögen einzelne Aspekte der Grundrechtswirkungen erfassen, sind jedoch als eigene Funktionskategorie entbehrlich, da hier seitens des Individuums nichts anderes als das Abwehrrecht zum Tragen kommt.

IV. Exkurs: Grundpflichten?

17   Zuweilen werden Grundrechten als weitere Kategorie Grundpflichten an die Seite gestellt, genannt werden in diesem Zusammenhang beispielsweise die Wehrpflicht, Schulpflicht oder Steuerpflicht. Ideeller Hintergrund mag dabei die Empfindung sein, dass (Grund-)Rechte erst dann richtig ausbalanciert wären, wenn ihnen auch Pflichten entgegenstünden. Die Weimarer Reichsverfassung enthielt ausdrückliche Grundpflichten, das Grundgesetz formuliert zwar einzelne Pflichten (z. B. die Erziehungspflicht in Art. 6 Abs. 2 GG, die Sozialpflicht des Eigentums in Art. 14 Abs. 2 GG oder die Treuepflicht des Beamten in Art. 33 Abs. 5 GG), verwendet aber nicht den Begriff der „Grundpflicht". Letztlich ist die Kategorie der Grundpflicht heute obsolet, da sie mit der gegenwärtigen Grundrechtsdogmatik nicht in Einklang zu bringen ist. Jede Pflicht als Eingriff in Grundrechte bedarf eines Gesetzes, für dessen Rechtfertigung dann auch Pflichten des Grundgesetzes als **Grundrechtsschranke** herangezogen werden können; denkbar ist dies aber auch ohne eine explizite Pflichtformulierung im Grundgesetz. Insofern trägt der Begriff der „Grundpflicht" zur dogmatischen Verwirrung bei und sollte nur noch in verfassungshistorischen Zusammenhängen verwendet werden.

D. Grundrechtsverpflichtete

I. Bindung der deutschen Staatsgewalt

18   Gemäß Art. 1 Abs. 3 GG ist die **gesamte deutsche Staatsgewalt** an die Grundrechte gebunden, also die Gesetzgeber von Bund und Ländern, die Exekutive in jeder Organisations- und Handlungsform (Bund

und Länder, unmittelbare und mittelbare Verwaltung, auch Beliehene) sowie die Judikative.

Die Grundrechtsbindung gilt auch – dies wird vom BGH zuweilen **19** bestritten (BGHZ 154, 146, 150) –, wenn der Staat **privatrechtlich** handelt oder Verwaltung in privater Trägerschaft organisiert. Es ist offensichtlich, dass sich der Staat bei der Erfüllung öffentlicher Aufgaben in Privatrechtsform nicht durch die „Flucht in das Privatrecht" der Grundrechtsbindung entziehen können soll. Ein privatrechtliches Unternehmen ist allerdings nur an Grundrechte gebunden, wenn die öffentliche Gewalt mehr als die Hälfte der Anteile hält.

Fall 1 (BVerfGE 128, 226 ff. – Fraport AG): *Eine Demonstrantin* **20** *betrat gemeinsam mit fünf weiteren Aktivisten der „Initiative gegen Abschiebungen" den Flughafen Frankfurt am Main, sprach an einem Abfertigungsschalter Mitarbeiter der Deutschen Lufthansa an und verteilte Flugblätter zu einer bevorstehenden Abschiebung. Mitarbeiter der Fraport AG und Einsatzkräfte des (damaligen) Bundesgrenzschutzes beendeten die Aktion. Daraufhin erteilte die Fraport AG der Beschwerdeführerin ein „Flughafenverbot" und wies darauf hin, dass gegen sie Strafantrag wegen Hausfriedensbruchs gestellt werde, sobald sie „erneut hier unberechtigt angetroffen" werde. Zum Zeitpunkt des Vorfalls im Jahr 2003 befanden sich ca. 70 % der Aktien im Besitz des Bundes, des Landes Hessen und der Stadt Frankfurt am Main, der Rest in privatem Streubesitz. Seit dem Verkauf der Bundesanteile halten das Land Hessen und die Stadt Frankfurt am Main, letztere über eine hundertprozentige Tochter, zusammen rund 52 % der Aktien. Die übrigen Anteile befinden sich in privatem Streubesitz. Ist die Fraport AG grundrechtsverpflichtet?*

Lösung: Das BVerfG hat die unmittelbare Grundrechtsbindung der Fraport AG bejaht, da sie nicht nur öffentliche Unternehmen in privater Rechtsform betreffe, die vollständig im Eigentum der öffentlichen Hand stehen, sondern auch gemischtwirtschaftliche Unternehmen, wenn diese von den öffentlichen Anteilseignern beherrscht werden. Dies sei in der Regel der Fall, wenn sich mehr als die Hälfte der Anteile im Eigentum der öffentlichen Hand befänden. Die Fraport AG könne sich nicht ihrerseits auf eigene Grundrechte berufen, und auch die Rechte der privaten Anteilseigner seien nicht geschmälert, da es in ihrer freien Entscheidung liege, ob sie sich an einem öffentlichen Unternehmen beteiligen oder nicht. – Letztlich hat das BVerfG eine Verletzung der Beschwerdeführerin in ihren Grundrechten aus Art. 8 Abs. 1 GG und Art. 5 Abs. 1 GG festgestellt.

---

21 Die Grundrechtsbindung der deutschen Staatsgewalt gilt **überall**, unabhängig vom Ort ihrer Ausübung und dem Eintritt ihrer Wirkungen. Daher ist beispielsweise auch die Bundeswehr bei Auslandseinsätzen an die Grundrechte des Grundgesetzes gebunden.

II. Bindung von Privatpersonen

22 Bis heute ist in der Grundrechtsdogmatik die Frage streitig, ob Grundrechte auch zwischen Privatpersonen gelten. Wurde eine solche „unmittelbare Drittwirkung" ursprünglich vom Bundesarbeitsgericht bejaht, so nimmt man heute überwiegend eine **„mittelbare Drittwirkung"** an: Dies bedeutet, dass in einer rechtlichen Auseinandersetzung zwischen Privatpersonen das entscheidende Gericht – im Hinblick auf Art. 1 Abs. 3 GG eigentlich eine Selbstverständlichkeit – an die Grundrechte gebunden ist, die durch seine Entscheidung bei den Parteien des Rechtsstreits betroffen sind. Dies sind im Regelfall gegenläufige Grundrechtspositionen. Die einschlägigen Normen des Zivilrechts müssen nun durch den Richter verfassungskonform ausgelegt werden, gegebenenfalls – z. B. bei unbestimmten Rechtsbegriffen wie „Treu und Glauben" (§ 242 BGB) oder „gute Sitten" (§ 138 BGB) – auch unter Abwägung dieser gegenläufigen Grundrechtspositionen.

23 **Fall 2 (BVerfGE 7, 198 ff. – Lüth):** *Erich Lüth war Senatsdirektor und Leiter der Staatlichen Pressestelle der Freien und Hansestadt Hamburg. 1950 forderte er öffentlich den Boykott des Films „Unsterbliche Geliebte". Dieser Film – eine typische, vollkommen belanglose Nachkriegsproduktion – entstand unter der Regie von Veit Harlan, der während des Dritten Reichs den antisemitischen Film „Jud Süß" gedreht hatte. Lüth fand es unerträglich, dass einer der bedeutendsten Exponenten des nationalsozialistischen Films wieder Filme drehte. Auf die Klage der Produktions- und Verleihfirma von „Unsterbliche Geliebte" wurde Lüth vom Landgericht Hamburg zur Unterlassung seines Boykottaufrufs verurteilt, da eine unerlaubte Handlung nach § 826 BGB vorliege. Hiergegen erhob Lüth Verfassungsbeschwerde.*

Lösung: Das BVerfG hat in dieser Entscheidung aus dem Jahr 1958 die Grundrechte des Grundgesetzes als „objektive Wertordnung" bezeichnet, die alle Rechtsgebiete und damit auch das Bürgerliche Recht beeinflusst. Dieser vielzitierte Begriff erscheint aus heutiger Sicht aber eher verwirrend, da sich die gewünschten Folgen bereits allein aus der Berücksichtigung von Art. 1 Abs. 3 GG und der Normenhierarchie ergeben. Insofern müssen auch Zivilgerichte die Bedeutung der Meinungsfreiheit gegenüber dem Wert des im allgemeinen Gesetz geschützten Rechtsguts abwägen – dies wird heute als „Wechselwirkungslehre" im Rahmen der Prüfung der Verfassungsmäßigkeit der Rechtsanwendung bezeichnet. Im konkreten Fall hat das BVerfG der Verfassungsbeschwerde stattgegeben, weil das Landgericht bei der Beurteilung des Verhaltens des Beschwerdeführers die besondere Bedeutung der Meinungsfreiheit auch dort, wo sie mit privaten Interessen anderer in Konflikt tritt, verkannt habe.

Fall 3 (BVerfGE 25, 256 ff. – Blinkfüer): *Im August 1961 forderte* **24** *der Axel-Springer-Verlag sämtliche Zeitungs- und Zeitschriftenhändler in Hamburg auf, keine Zeitschriften mehr zu verkaufen, die das Rundfunk- und Fernsehprogramm der DDR abdrucken. Andernfalls werde man prüfen, ob man die Geschäftsbeziehung (mit u. a. den marktdominanten Zeitungen „Bild" und „Die Welt" oder der Zeitschrift „Hör zu") weiter fortsetzen könne. In der Hamburger Wochenzeitschrift „Blinkfüer" wurde regelmäßig das DDR-Programm in einer Beilage abgedruckt. Ihr Herausgeber erhob gegen den Boykottaufruf des Axel-Springer-Verlags Klage wegen rechtswidrigen Eingriffs in seinen Gewerbebetrieb, diese wurde jedoch vom BGH abgewiesen. Daraufhin legte er Verfassungsbeschwerde zum BVerfG ein.*

Lösung: Das BVerfG hat die Anwendung des § 823 Abs. 1 BGB – konkret des Merkmals „Widerrechtlichkeit der Verletzung" – durch den BGH als Verstoß gegen Pressefreiheit des Beschwerdeführers gewertet. Der Boykottaufruf des Axel-Springer-Verlags sei nicht mehr durch dessen Meinungsfreiheit gedeckt, weil der politische Meinungskampf hier unter Ausnutzung seiner monopolartigen Stellung ausgetragen werden sollte – dies war bei „Lüth" nicht der Fall.

E. Grundrechtsarten

Prinzipiell lassen sich zwei Formen des Grundrechtsschutzes unter- **25** scheiden: Der Schutz der Freiheit durch **Freiheitsgrundrechte** und der Schutz der Gleichheit durch **Gleichheitsgrundrechte**. Die Prüfung beider Arten von Grundrechten gestaltet sich unterschiedlich. Einen Sonderfall stellt die **Menschenwürde** dar, die – obwohl grundsätzlich als Freiheitsgrundrecht aufzufassen – in besonderer Weise geprüft wird. Auch die grundrechtsgleichen Rechte enthalten sowohl Freiheits- als auch Gleichheitsverbürgungen.

Kapitel 2. Prüfung von Freiheitsgrundrechten

Zu den Freiheitsgrundrechten zählt der überwiegende Teil der **26** grundrechtlichen Verbürgungen des Grundgesetzes, beispielsweise Art. 2, Art. 4, Art. 5, Art. 8, Art. 12 oder Art. 14 GG. In diesem Kapitel wird zunächst der grundsätzliche Aufbau der Prüfung eines Freiheitsgrundrechtes erläutert; im Folgenden werden die Freiheitsgrundrechte näher beleuchtet.

Die Prüfung einer Grundrechtsverletzung gestaltet sich bei allen **27** Freiheitsgrundrechten grundsätzlich nach folgendem Aufbau:

Schema 1: Grundrechtsverletzung bei Freiheitsgrundrechten   **28**

A. Schutzbereich

   I.   sachlich

   II. personal

B. Eingriff

C. Verfassungsrechtliche Rechtfertigung

   I.   Gesetzesvorbehalt

      oder bei vorbehaltlosem Grundrecht:

      Grundrechte Dritter oder sonstige Verfassungsrechtsgüter als kollidierendes Verfassungsrecht/verfassungsimmanente Schranke

   II. Eingreifendes Gesetz

   III. Verfassungsmäßigkeit des **Gesetzes**

      1. formell

      2. materiell

        a) Verhältnismäßigkeit

          aa) legitimer Zweck

          bb) Geeignetheit

          cc) Erforderlichkeit (Notwendigkeit)

          dd) Verhältnismäßigkeit im engeren Sinn (Angemessenheit/Proportionalität)

A. Schutzbereich

29   Der Schutzbereich des Grundrechts erfasst das staatliche Handeln in
thematischer und personaler Hinsicht, hier erfolgt also eine erste Sor-
tierung des Sachverhalts unter dem Aspekt der Fragen „Was wird
geschützt?" und „Wer wird geschützt?".

I. Sachlicher Schutzbereich

30   Der erste Schritt ist dabei immer, den Lebenssachverhalt in Bezug
zu den in den Grundrechten angesprochenen Themen zu setzen. Ein
Schutzbereich wird stets betroffen sein, zumindest die allgemeine
Handlungsfreiheit des Art. 2 Abs. 1 GG als allgemeines Auffanggrundrecht kommt stets in Betracht. Der konkret ausgewählte Schutzbereich
muss dabei regelmäßig definiert und der Sachverhalt hierunter subsu-
miert werden. Die genaue Bestimmung des einschlägigen Schutzbereichs ist wichtig, da sich gegebenenfalls unterschiedliche Eingriffs-
und Rechtfertigungsregelungen an die Schutzbereiche knüpfen. Dennoch ist bei der Bestimmung des sachlichen Schutzbereichs ein eher
weiter, wenn man so will **„liberaler" Maßstab** ratsam: Aus Gründen
der Transparenz sollte die Möglichkeit einer Grundrechtsbeeinträchti-
gung eher auf der Rechtfertigungs- als auf der Schutzbereichsebene
entschieden werden, da auf diese Weise viel einsichtiger werden kann,
dass für den Eingriff wichtigere Aspekte sprechen als für den durch das
Grundrecht gewährten Schutz. Außerdem führt eine restriktive Fassung
von Schutzbereichen stets dazu, dass jedenfalls Art. 2 Satz 1 GG
einschlägig sein wird, so dass sich die eigentliche Grundrechtsprüfung
nur hierhin verlagert.

II. Personaler Schutzbereich

31   Der personale Schutzbereich betrifft alle Fragen der Grundrechtsberechtigung. Gibt ein Grundrecht keine weiteren Hinweise, gilt der
Schutzbereich für jedermann, gegebenenfalls auch für juristische

Personen nach Prüfung der in Art. 19 Abs. 3 GG genannten Voraussetzungen. Enthält der Schutzbereich hingegen personale Einschränkungen wie z. B. die Beschränkung auf Deutsche, ist das Vorliegen dieses Merkmals hier zu prüfen.

1. Natürliche Personen

a) „jedermann"

Grundsätzlich ist jedermann grundrechtsberechtigt und damit durch **32** Grundrechte geschützt, korrespondierend formuliert es Art. 93 Abs. 1 Nr. 4a GG („jedermann") für die Befugnis, eine Verfassungsbeschwerde einzulegen. Träger von Grundrechten sind zunächst einmal also alle natürlichen Personen.

Allerdings nimmt das Grundgesetz selbst Einschränkungen hinsicht- **33** lich der konkreten Grundrechtsberechtigung vor: Nicht alle Grundrechte gelten auch für alle natürlichen Personen. Einleuchtend ist dies beispielsweise für Art. 3 Abs. 3 GG (für Nichtbehinderte) oder Art. 4 Abs. 3 GG (für Frauen).

b) „Deutschengrundrechte"

Daneben lässt das Grundgesetz einzelne Grundrechte ausschließlich **34** für Deutsche im Sinne des Art. 116 Abs. 1 GG gelten (Art. 8, 9 Abs. 1, 11, 12 Abs. 1, 38 GG; siehe auch Art. 20 Abs. 4, 33 Abs. 1 und 2 GG). Die Auswirkungen dieser Unterscheidung von „Deutschenrechten" und „Jedermannrechten" sind in der Praxis jedoch gering: Zum einen muss „deutsch" im Lichte des allgemeinen Diskriminierungsverbots in Art. 18 AEUV ebenso wie der besonderen Diskriminierungsverbote der EU-Grundfreiheiten wohl im Wege der Anwendungserweiterung auch als „europäisch" im Sinne der Europäischen Union verstanden werden, zum anderen kann sich nach ständiger Rechtsprechung des Bundesverfassungsgerichts jeder Ausländer dort, wo er aus dem personalen Schutzbereich eines Deutschengrundrechts herausfällt, auf die allgemeine Handlungsfreiheit des Art. 2 Abs. 1 GG berufen und erhält so im Ergebnis einen vergleichbaren Schutz wie ein Deutscher. Die Unterscheidung zwischen Deutschen und Ausländern im Schutzbereich hat wegen der weitgehend gleichen rechtlichen Wirkung also **praktisch keine Berechtigung** mehr. Allein bei Art. 38 GG ist aus Gründen des Demokratieprinzips eine Beschränkung auf Deutsche (und EU-Ausländer für Kommunalwahlen) geboten.

c) Zeitlicher Umfang

35   Das BVerfG hat den Umfang der Grundrechtsberechtigung über die Zeitdauer des Lebens hinaus erstreckt: So ist der **Embryo** im Hinblick auf seine Menschenwürde und sein Recht auf Leben bereits vor der Geburt berechtigt und das allgemeine Persönlichkeitsrecht eines **Verstorbenen** auch noch nach dessen Tod schutzfähig.

> **Beispiel** (BVerfGE 39, 1, 36 ff. – Schwangerschaftsabbruch I): „Leben im Sinne der geschichtlichen Existenz eines menschlichen Individuums besteht nach gesicherter biologisch-physiologischer Erkenntnis jedenfalls vom 14. Tage nach der Empfängnis (Nidation, Individuation) an. … Der damit begonnene Entwicklungsprozess ist ein kontinuierlicher Vorgang, der keine scharfen Einschnitte aufweist und eine genaue Abgrenzung der verschiedenen Entwicklungsstufen des menschlichen Lebens nicht zulässt."

36   **Fall 4 (BVerfGE 30, 173 ff. – Mephisto):** *Klaus Mann veröffentlichte 1936 im Amsterdamer Querido-Verlag sein Buch „Mephisto – Roman einer Karriere". Der Roman schildert den Aufstieg des Schauspielers Hendrik Höfgen, der seine politische Überzeugungen verleugnet und alle menschlichen und ethischen Bindungen abstreift, um im Pakt mit den Machthabern des nationalsozialistischen Deutschlands eine künstlerische Karriere zu machen. Vorbild für die Romanfigur war der Schauspieler Gustaf Gründgens, der mit Klaus Mann zeitweise befreundet und mit dessen Schwester Erika Mann für kurze Zeit verheiratet war. Zahlreiche Einzelheiten der Romanfigur entsprechen dem äußeren Erscheinungsbild und Lebenslauf Gustaf Gründgens. Die Nymphenburger Verlagsanstalt kündigte 1963 eine Neuausgabe des Romans an, gegen die der Adoptivsohn und Alleinerbe Klage nach dem Tod Gustaf Gründgens im selben Jahr erhob, um die Verbreitung des Buchs wegen grober Ehrverletzung der Persönlichkeit nach § 823 Abs. 1 BGB zu untersagen. Der BGH gab der Klage statt, hiergegen legte der Verlag Verfassungsbeschwerde zum BVerfG ein.*

Lösung: Das BVerfG zieht in seiner Entscheidung aus dem Jahr 1971 zur Rechtfertigung eines Eingriffs in die Kunstfreiheit des Verlegers terminologisch undeutlich den „Persönlichkeitsschutz" des Verstorbenen heran, den es auf Art. 1 Abs. 1 GG stützt. „Es würde mit dem verfassungsverbürgten Gebot der Unverletzlichkeit der Menschenwürde, das allen Grundrechten zugrunde liegt, unvereinbar sein, wenn der Mensch … in diesem allgemeinen Achtungsanspruch auch nach seinem Tode herabgewürdigt oder erniedrigt werden dürfte. Dementsprechend endet die in Art. 1 Abs. 1 GG aller staatlichen Gewalt auferlegte Verpflichtung, dem Einzelnen

Schutz gegen Angriffe auf seine Menschenwürde zu gewähren, nicht mit seinem Tode" (194). Das „Persönlichkeitsrecht" aus Art. 2 Abs. 1 GG hingegen wirke nach dem Tod nicht fort, da Träger dieses Grundrechts nur die lebende Person sei. Heute wird das allgemeine Persönlichkeitsrecht üblicherweise auf Art. 2 Abs. 1 i. V. m. Art. 1 Abs. 1 GG gestützt und der Menschenwürdegehalt mitumfasst, so dass man von einer grundsätzlichen Fortgeltung des allgemeinen Persönlichkeitsrechts auch nach dem Tod ausgehen kann. – Bei der Abwägung zwischen dem „Persönlichkeitsbereich" von Gründgens und der Kunstfreiheit konnte das BVerfG wegen Stimmengleichheit keinen Verstoß des BGH-Urteils gegen das Grundgesetz feststellen.

d) Grundrechtsmündigkeit

Von der Grundrechtsberechtigung zu unterscheiden ist die Grundrechtsmündigkeit, also die Frage ob beispielsweise Kinder (die umfassend grundrechtsberechtigt sind) ihre Grundrechte selbständig ausüben können. Üblicherweise wird hierbei auf das Kriterium der **Einsichtsfähigkeit** abgestellt, wobei dies eigentlich nur in der prozessualen Durchsetzung eine Rolle spielt und dann gegebenenfalls ein Prozessvertreter benötigt wird. **37**

Hiervon zu unterscheiden ist die Beschränkung von Grundrechten des Kindes beispielsweise aufgrund des elterlichen Sorgerechts. Derartige Eingriffe haben ihre gesetzliche Grundlage in §§ 1626 ff. BGB und werden durch Art. 6 Abs. 2 GG auch verfassungsrechtlich gestützt. **38**

2. Juristische Personen

Neben natürlichen Personen sind nach Art. 19 Abs. 3 GG auch juristische Personen grundrechtsberechtigt: „Die Grundrechte gelten auch für inländische juristische Personen, soweit sie ihrem Wesen nach auf diese anwendbar sind." Drei Elemente sind also zu prüfen: **39**

Schema 2: Grundrechtsberechtigung juristischer Personen nach Art. 19 Abs. 3 GG **40**

a) juristische Person

b) inländisch

c) wesensmäßige Anwendbarkeit des Grundrechts

a) Juristische Person

aa) des Privatrechts

41   Grundsätzlich unstreitig sind als juristische Personen im Sinne von Art. 19 Abs. 3 GG solche des Privatrechts (also z. B. AG, GmbH etc.) anzusehen. Darüber hinaus erkennt das BVerfG die Grundrechtsberechtigung auch weiteren Vereinigungen zu, die im Sinne des Privatrechts nicht rechtsfähig oder nur teilrechtsfähig sind: So beispielsweise nichtrechtsfähigen Religionsgemeinschaften oder Unternehmen ohne zivilrechtliche Rechtspersönlichkeit. Der **verfassungsrechtliche Begriff der juristischen Person** ist also weiter als der im Zivilrecht.

42   Umstritten ist die Einordnung juristischer Personen des Privatrechts im Eigentum der öffentlichen Hand: Komplementär zur Frage ihrer Grundrechtsbindung sollen sie zumindest dann, wenn sie Aufgaben der Daseinsvorsorge erfüllen und alleiniger oder mehrheitlicher Träger eine Körperschaft des öffentlichen Rechts ist, nicht grundrechtsberechtigt sein (vgl. BVerfGE 45, 63, 79 f.).

bb) des öffentlichen Rechts

43   Juristische Personen des öffentlichen Rechts sind **grundsätzlich nicht grundrechtsberechtigt**, da sie Teil des Staates sind, also gerade Adressaten von Grundrechten darstellen. Das BVerfG greift zur Begründung auf das wenig überzeugende Unterscheidungsmerkmal des „personalen Substrats" bei juristischen Personen zurück, das für den Grundrechtsschutz gegenüber dem Staat konstitutiv sei (BVerfGE 21, 362, 369 ff.; 68, 193, 205 ff.): Dort, wo der Staat selbst hinter der juristischen Person stehe, sei ein solches nicht gegeben. Daher kann sich beispielsweise eine Gemeinde nicht gegen eine Enteignung auf Art. 14 GG berufen (vgl. BVerfGE 61, 82 ff. – Sasbach).

44   Allerdings werden üblicherweise drei **Ausnahmen** genannt, weil sich hier grundrechtstypische Gefährdungslagen verwirklichen Wissenschaftliche **Hochschulen** können sich auf die Wissenschaftsfreiheit nach Art. 5 Abs. 3 GG, **öffentliche Rundfunkanstalten** auf die Rundfunkfreiheit nach Art. 5 Abs. 1 Satz 2 und **Religionsgemeinschaften** in der Rechtsform einer Körperschaft des öffentlichen Rechts (vgl. Art. 140 GG i. V. m. Art. 137 Abs. 5 GG) zumindest auf die Religionsfreiheit nach Art. 4 GG berufen (sind aber sinnvollerweise als umfassend grundrechtsberechtigt anzusehen); daneben können sich auch öffentliche Kultureinrichtungen auf die einschlägigen Grundrechte berufen.

45   Die **Prozessgrundrechte** der Art. 101 Abs. 1 Satz 2 und 103 Abs. 1 GG gelten auch für juristische Personen des öffentlichen Rechts, da sie für jedes gerichtliche Verfahren gelten und daher jedem zugute kommen müssen.

b) inländisch

Ob eine juristische Person inländisch ist, wird heute ganz überwie- **46** gend nach ihrem **tatsächlichen Sitz** – also nicht dem rechtlichen Sitz, sondern ihrem tatsächlichen Aktionszentrum – entschieden. Auch hier ist wiederum zu beachten, dass sich durch das Europarecht eine Anwendungserweiterung auf juristische Personen innerhalb der Europäischen Union ergibt.

Fall 5 (BVerfGE 129, 78 ff. – Europäische juristische Person): **47** *Eine Gesellschaft mit beschränkter Haftung nach italienischem Recht mit Sitz in Italien (G) produziert Polstermöbel nach Entwürfen von Charles-Édouard Jeanneret-Gris, genannt Le Corbusier. Hierfür hat sie urheberrechtliche Exklusivverträge für die weltweite Herstellung und den Verkauf. Ein Zigarrenhersteller richtete in einer Kunst- und Ausstellungshalle eine Zigarrenlounge ein und stellte dort bei einer anderen italienischen Firma hergestellte Nachbildungen von Le Corbusier-Sofas und -Sesseln auf. Hiergegen erstritt G beim Landgericht und Oberlandesgericht Urteile, die ihrem auf § 97 Abs. 1 i. V. m. § 17 Abs. 1 UrhG gestützten Anspruch auf Unterlassung stattgaben. Der BGH wies die Klage ab, hiergegen legte G Verfassungsbeschwerde beim BVerfG ein. Ist die Beschwerde zulässig?*

Lösung: Das BVerfG hat die Verfassungsbeschwerde für zulässig erachtet, da die Beschwerdeführerin angesichts der unionsrechtlichen Diskriminierungsverbote trotz ihres Sitzes in Italien Trägerin von Grundrechten des Grundgesetzes sei. Die Erstreckung der Grundrechtsberechtigung auf juristische Personen aus Mitgliedsstaaten der Europäischen Union stelle eine aufgrund des Anwendungsvorrangs der Grundfreiheiten im Binnenmarkt (Art. 26 Abs. 2 AEUV) und des allgemeinen Diskriminierungsverbots wegen der Staatsangehörigkeit (Art. 18 AEUV) vertraglich veranlasste Anwendungserweiterung des deutschen Grundrechtsschutzes dar. – Eine Verletzung von Art. 14 Abs. 1 GG hat das BVerfG verneint.

Die **Prozessgrundrechte** der Art. 101 Abs. 1 Satz 2 und 103 Abs. 1 **48** GG gelten ebenfalls für ausländische juristische Personen.

c) Wesensmäßige Anwendbarkeit des Grundrechts

Wesensmäßige Anwendbarkeit bedeutet, dass ein Grundrecht inhalt- **49** lich auch von einer juristischen Person in Anspruch genommen werden kann, also nicht nur an die Eigenschaft als Mensch anknüpft. Insofern kann sich beispielsweise eine GmbH nicht auf das Recht auf Leben und körperliche Unversehrtheit (Art. 2 Abs. 2 Satz 1 GG) berufen, weil sie nach einer Insolvenz aufgrund richterlichen Beschlusses liquidiert werden soll. Denkbar ist aber, dass sich eine GmbH z. B. auf die Religionsfreiheit (Art. 4 GG) beruft.

3. Grundrechtsverwirkung

50   Ein Ausschluss vom grundrechtlichen Schutz des Grundgesetzes ist nur in Form eine Verwirkung von Grundrechten nach Art. 18 GG möglich und muss durch das BVerfG selbst ausgesprochen werden. Im übrigen darf keine andere Stelle die Eröffnung grundrechtlicher Schutzbereiche beschränken. Zum Ausspruch einer Grundrechtsverwirkung durch das BVerfG ist es – bei vier Verfahren – bisher nicht gekommen; diese Norm ist aufgrund der heutigen Grundrechtsdogmatik, die missbräuchlichem Berufen auf Grundrechte anders und wirksamer als in der ausgehenden Weimarer Republik zu begegnen vermag, praktisch obsolet geworden; ihr kommt derzeit allenfalls eine **Reservefunktion** zu.

4. „Besonderes Gewaltverhältnis"

51   Auch Eingriffe im Rahmen von „Näheverhältnissen" zwischen Bürger und Staat (also z. B. Beamte und Soldaten, Schule und Hochschule, Strafvollzug) sind spätestens seit der Strafgefangenenentscheidung des BVerfG stets **grundrechtsrelevant** und bedürfen einer **gesetzlichen Grundlage**. Eine grundrechtsdogmatische Sonderbehandlung dieser Statusgruppen aufgrund eines früher so genannten „besonderen Gewaltverhältnisses" findet nicht statt, weshalb auch neuere Bezeichnungen wie „Sonderstatusverhältnis" in ihrem rechtlichen Gehalt fragwürdig sind. Grundrechtsbeeinträchtigungen dieser Statusgruppen werden genauso einer Rechtfertigungsprüfung unterworfen wie die anderer Personen auch, nur kann es aufgrund der Sachbesonderheiten zu anderen Ergebnissen bei der Verhältnismäßigkeitsprüfung kommen.

52   **Fall 6 (BVerfGE 33, 1 – Strafgefangenenverhältnis):** *Ein Straf-gefangener in der Strafanstalt Celle richtete 1967 ein Schreiben an eine Gefangenenbetreuungsorganisation, in dem er sich negativ über die Zustände in der Anstalt äußerte. Dieser Brief wurde von der Anstaltsleitung auf der Grundlage einer entsprechenden Verwaltungsvorschrift angehalten. Das Oberlandesgericht Celle verwarf den hiergegen gerichteten Antrag auf gerichtliche Entscheidung, da der Strafgefangene sich nicht auf Grundrechte berufen könne: Die Grundrechte des Strafgefangenen würden, wie sich aus*

dem Wesen und Zweck des Strafvollzugs ergebe, soweit einge-
schränkt oder gar außer Kraft gesetzt, als es die durch den Straf-
zweck bedingte Natur des Anstaltsverhältnisses zur notwendigen
Folge habe. Der Gefangene erhebt hiergegen Verfassungsbe-
schwerde.

Lösung: Das BVerfG verwirft in seiner Entscheidung aus dem Jahr
1972 das „besondere Gewaltverhältnis" und stellt fest, dass auch
die Grundrechte von Strafgefangenen nur durch Gesetz oder aufgrund Gesetzes eingeschränkt werden dürfen. Daraufhin wurde
erstmals ein Justizvollzugsgesetz verabschiedet. Die Entscheidung
hatte auch grundlegende Bedeutung für die anderen „besonderen
Gewaltverhältnisse" und führte dort, z. B. im Schulverhältnis, ebenfalls zur erstmaligen Schaffung gesetzlicher Grundlagen. – Das
BVerfG hielt die Verfassungsbeschwerde für begründet, da eine
Verletzung der Meinungsfreiheit des Gefangenen vorliege.

III. Konkurrenzen

Es ist möglich, dass für einen Sachverhalt gleichzeitig mehrere **53**
Grundrechtsgewährleistungen in Betracht kommen. Dabei ist zu unterscheiden: Wenn eine Gewährleistung in einer anderen bereits enthalten
ist, hat in diesem Fall die speziellere Norm Vorrang.

Beispiel: Für Meinungsäußerungen während einer Demonstration ist die
Demonstrationsfreiheit nach Art. 8 GG lex specialis gegenüber der Meinungs-
freiheit nach Art. 5 Abs. 1 Satz 1 GG (vgl. zur Handhabung der Schranken aber
Fall 22).

Die allgemeine Handlungsfreiheit des Art. 2 Abs. 1 GG als Auf- **54**
fanggrundrecht wird nach ganz überwiegender Auffassung nicht dadurch verdrängt, dass zwar der Regelungsbereich, nicht aber der
Schutzbereich eines spezielleren Grundrechtes eröffnet ist.

Beispiel: Unfriedliche Versammlungen fallen in den Schutzbereich des Art. 2
Abs. 1 GG, obwohl der Regelungsbereich (nicht aber der Schutzbereich) von
Art. 8 Abs. 1 GG eröffnet ist.

Werden hingegen thematisch unterschiedliche Schutzbereiche **55**
gleichzeitig verwirklicht, müssen diese nebeneinander geprüft werden.

Beispiel: Aktivitäten der Caritas/Diakonie können sowohl durch die Berufsfreiheit in der Ausprägung als wirtschaftliche Betätigungsfreiheit nach Art. 12 GG als
auch durch die Religionsfreiheit nach Art. 4 Abs. 1 und 2 GG geschützt sein.

Eine genaue Abgrenzung der verschiedenen Schutzbereiche gestal- **56**
tet sich oftmals schwierig.

B. Eingriff

I. Eingriffsbegriff

57   In grundrechtliche Schutzbereiche kann eingegriffen werden. Der Begriff des „Eingriffs" enthält noch keine Aussage darüber, ob der Eingriff auch erlaubt ist. Dies wird erst bei der Frage der verfassungsrechtlichen Rechtfertigung des Eingriffs untersucht. Kommt diese zu dem Schluss, dass der Eingriff nicht gerechtfertigt ist, dann stellt der Grundrechtseingriff zugleich eine Grundrechtsverletzung dar.

> **Merke:** Grundrechtsverletzung = nicht gerechtfertigter Grundrechtseingriff

58   Eingriffe sind nach klassischer Auffassung zunächst einmal finale und unmittelbare Akte des Staates, und zwar sowohl Rechtsakte als auch Realakte. Daneben sind nach heutiger Auffassung auch **mittelbare** und sogar nur **faktische Grundrechtsbeeinträchtigungen** als Eingriffe zu verstehen.

> **Beispiele** für faktische Grundrechtseingriffe: Lärm und Gefährdungen für Anwohner eines Artillerieschießplatzes der Bundeswehr; staatliche Warnungen.

59   Zuweilen ist die Grenze zwischen einem faktischen Grundrechtseingriff und einer **bloßen** (keinen Eingriff darstellenden) **Belästigung** nicht leicht zu ziehen; ein faktischer Eingriff soll immer dann vorliegen, wenn die Beeinträchtigung das Maß einer sozialadäquaten Belastung außerhalb des normalen Lebensrisikos übersteigt.

60   Insgesamt zeigt sich, dass das Eingriffsspektrum heute sehr weit gefasst ist und die Grundrechte insofern umfassenden Schutz gegen praktisch alle Formen staatlichen Handelns eröffnen.

II. Grundrechtsverzicht

61   An einem Eingriff in ein Grundrecht fehlt es, wenn ein staatlicher Akt mit dem Einverständnis des Betroffenen erfolgt. Ein solcher Verzicht muss allerdings zulässig sein.

62   Dabei stellt die **bloße Nichtausübung** eines Grundrechts noch keinen Verzicht dar: Wer von einer grundrechtlichen Berechtigung tatsächlich keinen Gebrauch macht, ist in Gestalt der negativen Freiheitsausübung sogar geschützt.

> **Beispiel:** Ein Arbeitnehmer tritt keiner beruflichen Vereinigung bei.

63   Die Frage, ob **auf rechtlich bindende Weise** auf Grundrechte **verzichtet** werden kann, ist letztlich nur mit dem Ergebnis einer Abwägung zu beantworten. Einerseits sind Grundrechte nach klassischem Verständnis subjektive Freiheitsrechte und insofern auch der rechtlich verbindliche Verzicht wiederum gerade geschützter Grundrechtsgebrauch, andererseits wird den Grundrechten auch eine objektive Funktion zugeschrieben, auf die der Bürger nicht verzichten darf. Für die Entscheidung zwischen beiden Polen kann als grobe Leitlinie dienen, dass auf Grundrechte der persönlichen Entfaltungsfreiheit eher verzichtet werden kann als auf solche, die für den Prozess der staatlichen Willensbildung bedeutsam sind. Eine **absolute Grenze** für jeden Grundrechtsverzicht ist in der Verletzung der Menschenwürde und des Menschenwürdegehalts sonstiger Grundrechte zu sehen. Hiernach grundsätzlich zulässige Einwilligungen in Grundrechtseingriffe dürfen außerdem nicht durch Zwang, Abhängigkeit, Täuschung oder ähnliche Umstände zustande gekommen sein.

Beispiel: Der rechtlich bindende Verzicht auf einen Rechtsbehelf oder ein Rechtsmittel (Art. 19 Abs. 4 GG) ist zulässig, wenn die betreffende Entscheidung erlassen wurde (BVerfGE 9, 194, 199); als unzulässig wäre aber ein pauschaler Verzicht auf Rechtsbehelfe gegen zukünftige Entscheidungen zu bewerten.

C. Verfassungsrechtliche Rechtfertigung

I. Gesetzesvorbehalt

1. Grundsatz: Erfordernis einer gesetzlichen Eingriffsgrundlage

Der eigentliche Kern der Prüfung von Grundrechtsverletzungen ist **64** die Frage der Rechtfertigung eines Grundrechtseingriffs. Eingriffe können grundsätzlich durch die Verfassung selbst, durch Gesetz oder aufgrund eines Gesetzes gerechtfertigt sein, allerdings nur, wenn der Eingriff auch verhältnismäßig ist. Wichtig dabei ist, dass der Gesetzgeber als erste Voraussetzung für alle Formen der Rechtfertigung – auch bei einer Rechtfertigung durch verfassungsimmanente Schranken – selbst ein förmliches Gesetz erlassen hat, in dem gegebenenfalls weiterhin erlassene materielle Gesetze wie Rechtsverordnungen oder Satzungen ihre Grundlage finden. Fehlt eine solche gesetzliche Grundlage, ist ein Eingriff schon deshalb verfassungswidrig.

Der Gesetzgeber muss dabei in seiner gesetzlichen Grundlage die **65** „wesentlichen" Fragen selbst regeln, also die Voraussetzungen, unter denen ein Eingriff möglich sein soll, die gegebenenfalls zu erwartenden Eingriffe und seine Intentionen und Ziele, die für das Gesetz maßgeblich waren. Diese vom BVerfG in vielen Entscheidungen vertretene Auffassung wird als „**Wesentlichkeitstheorie**" bezeichnet und erweitert den Gesetzesvorbehalt zum **Parlamentsvorbehalt** (BVerfGE 61, 260, 275; 88, 103, 116). Selbstverständlich bereitet die Bestimmung dessen, was wesentlich ist, große Schwierigkeiten.

66 Satzungen von Selbstverwaltungskörperschaften allein reichen als Eingriffsgrundlage also nicht aus, dasselbe gilt für Rechtsverordnungen, für die dieser Gedanke bereits in Art. 80 GG positiviert ist. Zur Klarstellung: Durch Satzung oder Rechtsverordnung darf verfassungsgemäß in Grundrechte eingegriffen werden, allerdings nur, wenn hinter diesen Normen eine parlamentsgesetzliche Regelung steht, die die angeführten Voraussetzungen erfüllt. Verwaltungsvorschriften als Innenrecht ohne Verbindlichkeit für den Bürger können niemals einen Grundrechtseingriff rechtfertigen.

2. Einfacher (allgemeiner) Gesetzesvorbehalt

67 In den einzelnen Grundrechten finden sich unterschiedlich formulierte Gesetzesvorbehalte: So zum einen allgemeine Gesetzesvorbehalte, die an das eingreifende Gesetz keine weiteren Voraussetzungen knüpfen (vgl. Art. 2 Abs. 3 Satz 3, Art. 8 Abs. 2, Art. 10 Abs. 2 Satz 1, Art. 12 Abs. 1 Satz 2 GG), wozu nach der ständigen Rechtsprechung des BVerfG auch die „verfassungsmäßige Ordnung" in Art. 2 Abs. 1 GG zählt.

3. Qualifizierter Gesetzesvorbehalt

68 Zum anderen gibt es qualifizierte Gesetzesvorbehalte, die an das eingreifende Gesetz das Erfüllen einer besonderen Bedingung stellen (so z. B. Art. 5 Abs. 2 GG – „allgemeines" Gesetz, Art. 11 Abs. 2 GG, Art. 13 Abs. 7 GG).

4. Vorbehaltlose Grundrechte

69 Schließlich existieren Grundrechte ohne Gesetzesvorbehalt wie die Religionsfreiheit in Art. 4 Abs. 1 und 2 oder die Wissenschaftsfreiheit in Art. 5 Abs. 3 GG; dies bedeutet allerdings nicht, dass in diese Grundrechte nicht eingegriffen werden dürfte. Der genaue Grund, weshalb einzelne Grundrechte nicht mit einem Gesetzesvorbehalt versehen worden sind, lässt sich aus den Entstehungsmaterialien des Grundgesetzes nicht richtig nachvollziehen; gerade zur Religionsfreiheit ging man offenkundig davon aus, dass sie nur im Rahmen des rechtlich Erlaubten gewährt werden sollte – was jedoch problematisch ist, da das „rechtlich Erlaubte" bei der Frage der Vereinbarkeit mit

Kapitel 3. Freiheitsgrundrechte

Der vorgenannte Ablauf ist bei der Prüfung der nachfolgend näher **97** besprochenen Freiheitsgrundrechte zugrunde zu legen.

A. Entfaltung und Schutz der Persönlichkeit – Art. 2 Abs. 1 GG

I. Allgemeine Handlungsfreiheit – Art. 2 Abs. 1 GG

Die in Art. 2 Abs. 1 GG verankerte allgemeine Handlungsfreiheit **98** ist, wenn man so will, neben dem allgemeinen Persönlichkeitsrecht eines der beiden „Muttergrundrechte" der Freiheitsverbürgungen des Grundgesetzes. Es schützt, gerade auch für neue und unvorhergesehene Fallkonstellationen, das Recht eines jeden, zu tun und zu lassen, was er möchte, solange eine verhältnismäßige gesetzliche Regelung dies nicht verbietet. Daher ist nach dem Grundgesetz grundsätzlich alles erlaubt, was nicht ausdrücklich verboten wurde – und ein Verbot kann immerhin auf seine Verfassungsmäßigkeit hin überprüft werden. Damit sind alle – auch banal erscheinende – Handlungen vom Schutzbereich erfasst, z. B. Reiten im Wald, Taubenfüttern im Park, Autofahren oder das Verweilen an einem bestimmten Ort. Insofern wird die allgemeine Handlungsfreiheit auch als **„Auffanggrundrecht"** bezeichnet, das alle speziellen Freiheitsgrundrechte mitumfasst. Die anderen Freiheitsverbürgungen gehen als leges speciales Art. 2 Abs. 1 GG vor, der folglich nicht zum Zuge kommt, wenn der Schutzbereich eines spezielleren Grundrechtes eröffnet ist.

Wenig überzeugend erscheinen Vorschläge, angesichts des umfas- **99** senden Umfangs des Schutzbereichs für Eingriffe in die allgemeine Handlungsfreiheit gemäß dem klassischen Eingriffsbegriff faktische Eingriffe auszuschließen und so den Schutzbereich im Ergebnis wieder zu beschränken. Es leuchtet nämlich nicht ein, derartige gegebenenfalls gleichermaßen intensive Eingriffskonstellationen aus dem Schutzspektrum herauszunehmen und sie nicht ebenso wie finale Eingriffe transparenter auf der Rechtfertigungsebene zu entscheiden.

Die Schranken der allgemeinen Handlungsfreiheit sind nach der For- **100** mulierung des Art. 2 Abs. 1 GG „die Rechte anderer", „die verfassungsmäßige Ordnung" oder „das Sittengesetz". Diese sogenannte Schranken-

eine Religion vorliegt. Immerhin ist anerkannt, dass dem Glauben oder Bekenntnis als objektives Element ein **transzendenter Bezug** inne-wohnen muss.

> **Beispiel:** Scientology wird nicht als Religionsgemeinschaft angesehen, da dieser Organisation – auch wenn sie sich Kirche nennt – der Bezug zu einem transzendenten Wesen fehlt. Sie fällt aber unter den Schutzbereich der Weltan-schauungsfreiheit.

134   Die individuelle Auffassung von Glaubensinhalten muss sich nicht nach etwaigen Vorgaben von Religionsgemeinschaften richten; ent-scheidend ist nicht der „rechte Glauben", sondern die **Sicht des ein-zelnen**. Es kommt also nicht auf die Größe oder soziale Relevanz einer Glaubensrichtung an, und auch Abspaltungen großer Religionsgemein-schaften („Sekten") sind geschützt.

135   Allerdings fordert das BVerfG als weiteres „objektives" Merkmal eine gewisse Plausibilität von Religion und Glauben – was problema-tisch ist:

> **Beispiel** (das oftmals für das Fehlen der Plausibilität angeführt wird): Mari-huana-Anbau und -Konsum aus religiösen Gründen.

136   Letztlich steht hinter derartigen Bestrebungen ebenso wie hinter der Vorstellung, den Schutzbereich auf seine in der Norm genannten Elemente zu beschränken, die Befürchtung, der Schutzbereich könne ausufern und beliebig oder konturenlos werden. Es ist nicht recht nachvollziehbar, worin eigentlich die Gefahr eines weiten Schutzbe-reichsverständnisses, die sich im übrigen bisher nicht verwirklicht hat, genau besteht. Vielmehr ist es doch sinnvoll, Konflikte zwischen Staat und religiösem Verhalten auf der Rechtfertigungsebene zu entscheiden, da hier deutlich gemacht werden kann, welche Rechtsgüter der Religi-onsfreiheit vorgehen. Zudem steht es einer offenen Gesellschaft besser an, auch ungewohnte religiöse Praktiken als solche auf der Ebene des Schutzbereichs zu akzeptieren als sie mit dem diskriminierenden Ver-dikt des Nichtreligiösen zu versehen – ganz abgesehen davon, dass immer noch die allgemeine Handlungsfreiheit betroffen wäre.

137   Dasselbe gilt für die Weltanschauungsfreiheit, die weiter als die Re-ligion zu verstehen ist: Zwar wird jede Religion zugleich Weltan-schauung sein, die Sinndeutung der Welt und des Lebens durch eine Weltanschauung fehlt jedoch der transzendente Bezug.

III. Vorbehaltloses Grundrecht

138   Art. 4 Abs. 1 und 2 GG enthält keinen Gesetzesvorbehalt, deshalb zieht das BVerfG in ständiger Rechtsprechung verfassungsimmanente

Schranken heran, um Eingriffe in die Religionsfreiheit rechtfertigen zu können. Ein in der Lehre vertretener Ansatz, Art. 136 Abs. 1 WRV – der nach Art. 140 GG vollgültiger Bestandteil des Grundgesetzes ist – offenbar wiederum aus Gründen einer befürchteten Schutzausuferung als Schranke heranzuziehen, überzeugt wenig, zumal dies aufgrund der auch hier obligaten Verhältnismäßigkeitsprüfung praktisch nicht zu unterschiedlichen Ergebnissen führen kann.

Fall 15 (BVerfGE 93, 1 ff. – Kruzifix): *Drei minderjährige schulpflichtige Kinder, die der anthroposophischen Weltanschauung Rudolf Steiners angehören, wenden sich mit der Verfassungsbeschwerde an das BVerfG, weil in den von ihnen besuchten Schulräumen Kruzifixe oder Kreuze ohne Korpus hängen. Dies geschieht in Anwendung einer expliziten Anordnung in einer auf dem Schulgesetz beruhenden Rechtsverordnung. Sie beklagen, dass durch die Kreuze im Sinne des Christentums auf sie eingewirkt werde, was ihrer Weltanschauung zuwiderlaufe. Das verwaltungsgerichtliche Verfahren im einstweiligen Rechtsschutz wurde erfolglos durchlaufen.*

139

Lösung: Für das BVerfG verfolgt die gesetzliche Anordnung des Anbringens von Kreuzen im Schulzimmer keinen verfassungslegitimen Zweck, mit dem der Eingriff in die negative Religionsfreiheit der Schüler gerechtfertigt werden könnte. Daher überschreitet die Anbringung von Kreuzen im Klassenzimmer die Grenze religiös-weltanschaulicher Ausrichtung der Schule.

E. Gewissensfreiheit – Art. 4 Abs. 1 2. Fall, Abs. 3 GG

I. Allgemeine Gewissensfreiheit

Der Schutzbereich der Gewissensfreiheit als in besonderem Maße **140** individuell geprägtem Grundrecht ist nur schwer zu definieren. Für das BVerfG ist eine **ernsthafte, sittliche und an den Kategorien von „Gut" und „Böse" orientierte Entscheidung** erforderlich, der der einzelne in einer bestimmten Lage als für sich bindend und verpflichtend erfährt. Wiederum sind alle denkbaren Elemente wie bei der Religions- und Weltanschauungsfreiheit zu einem einheitlichen Schutzbereich zusammengefasst, so dass auch auf der Gewissensentscheidung fußende Handlungen geschützt sind, wenn dies vom Grundrechtsträger hinreichend glaubhaft gemacht wird.

Auch hier ist es sinnvoll, den Schutzbereich nicht zu eng zu fassen; **141** insofern wäre es beispielsweise verfehlt, nicht auf die individuelle

Gewissensempfindung einzugehen, sondern den Maßstab eines „Normalbürgers" anzulegen. Vielmehr sollte wiederum auf der Ebene der Eingriffsrechtfertigung aufgezeigt werden, weshalb ein anderes Rechtsgut eventuell stärker zu gewichten ist.

142   Die Gewissensfreiheit ist wie die Religionsfreiheit **vorbehaltlos gewährleistet**, Einschränkungen sind aber – praktisch wohl nur im Hinblick auf das nach außen tretende gewissensorientierte Handeln – aufgrund verfassungsimmanenter Schranken möglich.

II. Kriegsdienstverweigerung aus Gewissensgründen

143   Der Schutz der Kriegsdienstverweigerung aus Gewissensgründen nach Art. 4 Abs. 3 GG wird vom BVerfG als speziellere Norm zur allgemeinen Gewissensfreiheit angesehen, obwohl sie von deren Schutzbereich bereits umfasst ist. Der Unterschied zeigt sich darin, dass der Eingriff „Kriegsdienstleistung" ausdrücklich verboten ist.

144   Kriegsdienst ist jeder Dienst mit eigener Waffenanwendung oder der Unterstützung der Waffenanwendung anderer. Der Schutzbereich ist nicht auf Kriegshandlungen im eigentlichen Sinn beschränkt, sondern erstreckt sich auch auf die Ausbildung und den Dienst mit Waffen im Frieden; dies lässt sich auch aus Art. 12 a Abs. 2 GG ableiten.

145   Der Soldat oder Wehrpflichtige muss seine Gewissensentscheidung darlegen, da der Staat sie wenigstens auf ihre Plausibilität überprüfen können muss. Art. 4 Abs. 3 Satz 1 GG stellt keine Eingriffsermächtigung dar, eine solche ergibt sich für einen Ersatzdienst allein aus Art. 12 a Abs. 2 Satz 1 GG, im übrigen aus kollidierendem Verfassungsrecht.

F. Kommunikationsfreiheit – Art. 5 Abs. 1 GG

I. Struktur des Art. 5 GG

146   Die Grundrechtsgewährleistungen des Art. 5 Abs. 1 GG zählen ebenso wie Art. 8 und 9 GG zu den sogenannten Kommunikationsgrundrechten. Art. 5 GG enthält dabei mit den Gewährleistungen der Meinungs-, Informations-, Presse-, Rundfunk- und Filmfreiheit in Abs. 1 und der Kunst- und Wissenschaftsfreiheit in Abs. 3 grundsätzlich unterschiedlich strukturierte Grundrechte: Während in die in Abs. 1 verankerten Rechte gemäß Abs. 2 durch einen **qualifizierten Gesetzesvorbehalt** eingegriffen werden kann, sind die Kunst- und Wissenschaftsfreiheit nach Abs. 3 vorbehaltlos gewährleistet. Innerhalb des Art. 5 Abs. 1 GG verdrängt grundsätzlich die speziellere Kommunikationsform die Meinungsfreiheit.

Grundrechten gerade das Ergebnis der Prüfung darstellt. Dennoch lehnt das BVerfG eine Schrankenübertragung, beispielsweise aus Art. 2 GG, ab und spricht diesen Grundrechten bewusst den Status „vorbehaltloses Grundrecht" zu, wobei zum Teil sogar anklingt, dass es hierin eine besondere Dignität dieser Grundrechte erblickt – was angesichts von Entstehungsgeschichte und grundrechtsdogmatischer Behandlung der vorbehaltlosen Grundrechte doch sehr fragwürdig erscheint.

a) Verfassungsimmanente Schranken

Der fehlende Gesetzesvorbehalt bei vorbehaltlosen Grundrechten **70** wird durch den Rückgriff auf verfassungsimmanente Schranken substituiert. Dies bedeutet, dass im konkreten Fall auf gegenläufige Grundrechtspositionen oder sonstige im Grundgesetz selbst angeführte Verfassungsrechtsgüter, Staatsgrundsätze oder Staatszielbestimmungen zurückgegriffen wird.

Beispiele: Die Rechtsgrundlage für eine Bestrafung der Eltern, die ihre Tochter aus religiösen Gründen einer Genitalbeschneidung unterzogen haben, kann auf die der Tochter zukommenden grundrechtlichen Verbürgungen in Art. 2 Abs. 2 Satz 1 GG und Art. 1 GG gestützt werden. Für die Rechtsgrundlage einer Untersagung universitärer Tierversuche kommt als verfassungsimmanente Schranke Art. 20 a GG in Betracht.

Insbesondere der Rückgriff auf sonstige Verfassungsrechtsgüter ist **71** nur schwer zu systematisieren, die Rechtsprechung des BVerfG hat zahlreiche solcher Güter entwickelt, z. B. die Funktionsfähigkeit der Bundeswehr/Landesverteidigung aus Art. 87 a GG (BVerfGE 28, 243, 261; 69, 1, 21) oder die Funktionsfähigkeit der Rechtspflege aus Art. 92 ff. GG (BVerfGE 33, 23, 32). Weitgehend übereinstimmend werden die Kompetenzvorschriften des Grundgesetzes (z. B. Art. 71 ff., 83 ff. GG) nicht als verfassungsimmanente Grundrechtsschranken angesehen.

b) Substituierung des Gesetzesvorbehalts

Zu beachten ist, dass der Rückgriff auf verfassungsimmanente **72** Schranken an dieser Stelle noch keine Aussage über ihre Wertigkeit im Verhältnis zu dem Grundrecht trifft, in das eingegriffen wird. Diese Entscheidung wird erst bei der Prüfung der Verhältnismäßigkeit getroffen. Insofern bedeutet der Rückgriff auf eine verfassungsimmanente Schranke nichts anderes als eine Ersetzung des nicht vorhandenen Gesetzesvorbehalts; zugleich bedarf es für den Eingriff weiterhin einer gesetzlichen Grundlage.

II. Eingreifendes Gesetz

73   Die Rechtsnorm, auf die sich der Eingriff stützt, ist in der Grundrechtsprüfung konkret zu benennen; dabei ist ein Gesetz nicht allgemein („das StGB") anzuführen, sondern genau der Normteil, auf den der Eingriff zurückzuführen ist.

74 | **Fall 7 (BVerfGE 105, 279 ff.** – Osho):** _Die Bundesregierung äußerte sich in Antworten auf parlamentarische Anfragen sowie in Broschüren und Presseverlautbarungen mehrfach negativ über die Bewegung des indischen Mystikers Rajneesh Chandra Mohan (den seine Anhänger zunächst Bhagwan, später Osho nannten) und die ihr angehörenden Gemeinschaften. Unter anderem wurde die Bewegung als „Jugendsekte", „Sekte" oder „destruktive pseudoreligiöse Gruppe" bezeichnet. Mehrere der Bewegung angehörende Meditationsvereine in der Rechtsform eines eingetragenen Vereins legen nach erfolglosem Beschreiten des Verwaltungsrechtswegs Verfassungsbeschwerde zum BVerfG ein, weil sie sich in Art. 4 Abs. 1 und 2 GG verletzt fühlen._
>
> **Lösung:** Nach der herkömmlichen Grundrechtsdogmatik bedarf ein Eingriff zu seiner verfassungsrechtlichen Rechtfertigung zunächst einer gesetzlichen Grundlage. Eine solche existiert jedoch für die Informationstätigkeit der Bundesregierung nicht, so dass Eingriffe bereits deshalb verfassungswidrig wären. Hinsichtlich des Begriffs „Sekte" lehnt das BVerfG – sehr zweifelhaft – die Annahme eines Eingriffs ab, für die Verwendung der Attribute „destruktiv" und „pseudoreligiös" aber nimmt es einen faktischen Eingriff an. Einer gesetzlichen Ermächtigung für die Informationstätigkeit bedurfte es dabei für das BVerfG nicht, da sich die Bundesregierung auf ihre verfassungsunmittelbare Aufgabe der Staatsleitung stützen könne. Eine darüberhinausgehende gesetzliche Ermächtigung brächte keinen Gewinn an Messbarkeit und Berechenbarkeit staatlichen Handelns, so dass eine Entscheidung zur Sache hiermit in Wirklichkeit nicht verbunden sei. Somit sei die Bundesregierung überall dort zur Informationsarbeit berechtigt, wo ihr eine gesamtstaatliche Verantwortung der Staatsleitung zukomme, die mit Hilfe von Informationen erfüllt werden könne. Letztlich bewertete das BVerfG aber die Maßnahme in Gestalt der Verwendung derartiger Begriffe als unverhältnismäßig, so dass die Verfassungsbeschwerde wegen Verletzung der Religionsfreiheit Erfolg hatte. – Vgl. zur marktbezogenen Informationstätigkeit des Staates auch BVerfGE 105, 252 ff – Glykol.

III. Verfassungsmäßigkeit des Gesetzes

1. Formelle Verfassungsmäßigkeit

Die gesetzliche Grundlage muss nicht nur im Hinblick auf das **75** Grundrecht, in das eingegriffen wird, – also materiell – verfassungsmäßig sein, sondern auch in formeller Hinsicht. An dieser Stelle ist zu prüfen, ob das Gesetz von der zuständigen Körperschaft, also kompetenzgemäß, erlassen wurde (Art. 70 ff. GG), ob die Vorschriften des Gesetzgebungsverfahrens beachtet (Art. 76 ff. GG) und die Formvorschriften eingehalten wurden (Art. 82 GG). Insofern kann eine Verfassungsbeschwerde auch bereits deshalb Erfolg haben, weil beispielsweise eine Gesetzgebungskompetenz des Bundes nicht existiert; auf eine Prüfung der Verhältnismäßigkeit des Grundrechtseingriffs kommt es dann nicht mehr an. Damit kann mit der Verfassungsbeschwerde über die Grundrechtsprüfung zumindest des Art. 2 Abs. 1 GG ein allgemeines verfassungsgemäßes Handeln des Staates eingeklagt werden – was wegen der Nähe zur „Superrevisionsinstanz" in der Lehre zuweilen kritisiert wird.

2. Materielle Verfassungsmäßigkeit

a) Verhältnismäßigkeit

Die Prüfung der Verhältnismäßigkeit des Gesetzes stellt neben der **76** Verhältnismäßigkeitsprüfung der konkreten Maßnahme (also Urteil, Verwaltungsakt, Realakt etc.) zumeist das Zentrum einer Grundrechtsprüfung dar. Sie wird gerne auch „Schranken-Schranke" genannt, da sie eine Rückeinschränkung des grundsätzlich bereits als erlaubt erkannten Eingriffs ist. Vier aufeinander aufbauende Schritte bei der Prüfung des Gesetzes sind zu unterscheiden:

Schema 3: Verhältnismäßigkeitsprüfung eines Gesetzes   **77**

aa) **Legitimer Zweck** des Gesetzes

bb) **Geeignetheit** des Gesetzes zur Erreichung des Ziels

cc) **Erforderlichkeit** des Gesetzes zur Erreichung des Ziels (auch Notwendigkeit genannt)

dd) **Verhältnismäßigkeit** des Gesetzes **im engeren Sinne** (auch Angemessenheit, Zumutbarkeit oder Proportionalität genannt)

aa) Legitimer Zweck

78   Um überhaupt die Verhältnismäßigkeit prüfen zu können, ist es wichtig, dass ein Gesetz ein **legitimes Gemeinwohlziel** aufweist. Ein solches kann, muss sich aber nicht aus dem Grundgesetz ergeben und lässt sich oftmals aus der Entwurfsbegründung des Gesetzes oder sogar aus ihm selbst entnehmen. Beispiele hierfür sind Jugendschutz, Umweltschutz, Familienförderung oder Volksgesundheit.

bb) Geeignetheit

79   Geeignetheit meint, dass das Gesetz überhaupt in der Lage ist, den zuvor benannten **Zweck zu erreichen**. Hierbei reicht die reine Möglichkeit aus, es muss sich nicht um die optimale Lösung handeln. Das BVerfG räumt dem Gesetzgeber – angesichts oftmals zugrundeliegender Prognoseentscheidungen nachvollziehbar – eine **Einschätzungsprärogative** ein, weshalb es Gesetze an diesem Prüfungspunkt in der Regel nicht scheitern lässt.

cc) Erforderlichkeit

80   Das Gebot der Erforderlichkeit wird verletzt, wenn der Zweck des Gesetzes auch durch eine andere, aber gleich wirksame Regelung erreicht werden kann, die das betreffende Grundrecht nicht oder zumindest weniger stark einschränkt. Der Gesetzgeber muss also von mehreren gleich wirksamen Mitteln das wählen, das die Grundrechte nicht oder weniger stark belastet (**„mildestes** geeignetes **Mittel"**).

81   **Fall 8 (BVerfGE 69, 209 ff. – Steuerberaterprüfung):** *Ein Beamter des gehobenen Dienstes der Steuerverwaltung beantragte die Zulassung zur Steuerberaterprüfung. Obwohl er im übrigen alle Voraussetzungen erfüllte, wurde die Zulassung vom Zulassungsausschuss im Landesfinanzministerium abgelehnt, da er kein „ehemaliger" Beamter sei. § 37 Abs. 1 Nr. 3 StBerG in seiner damaligen Fassung bestimmte, dass zur Prüfung nur ein Bewerber zugelassen werde, der „nicht Beamter oder Angestellter der Finanzverwaltung ist, es sei denn, dass er seine Entlassung beantragt hat". Der Bewerber erhob Klage zum Finanzgericht, die Landesregierung erwiderte, dass das Risiko des Ausscheidens aus dem öffentlichen Dienst trotz möglichen Nichtbestehens der Prüfung der Bewerber tragen müsse, da der Gesetzgeber sich von der Erwägung habe leiten lassen, einer Abwanderung von Finanzbeamten entgegenzuwirken. Das Finanzgericht setzte das Verfahren aus und legte dem BVerfG die Frage zur Entscheidung vor, ob § 37 Abs. 1 Nr. 3 StBerG mit dem Grundgesetz vereinbar sei. Wie wird das BVerfG entscheiden?*

> **Lösung:** Das BVerfGE hat den in der Regelung enthaltenen Eingriff in die Freiheit der Berufswahl auf der Stufe einer subjektiven Zulassungsvoraussetzung als nicht erforderlich angesehen und die Norm daher für nichtig erklärt.

dd) Verhältnismäßigkeit im engeren Sinn

Die Prüfung der Verhältnismäßigkeit im engeren Sinn stellt den innersten Kern der Grundrechtsprüfung dar. Hier geht es um die **Zweck-Mittel-Relation** und damit den Ausgleich zwischen der Schwere der grundrechtlichen Beeinträchtigung einerseits und der Bedeutung der mit dem Gesetz verfolgten Absichten andererseits. Damit dient die Prüfung der Verhältnismäßigkeit im engeren Sinn auch dazu, nicht beabsichtigte Folgewirkungen bei Rechtsgütern Dritter oder andere öffentliche Belange zu berücksichtigen. In der Prüfung findet also eine Abwägung zwischen dem Grundrecht, in das eingegriffen wird, und dem eingreifenden Gesetz, das hierbei regelmäßig auf kollidierendes Verfassungsrecht gestützt werden muss, statt. Dies gilt nicht nur für vorbehaltlose Grundrechte, sondern grundsätzlich auch dort, wo das Grundgesetz Gesetzesvorbehalte vorgesehen hat. **82**

Ziel der Abwägung ist in jedem Fall ein schonender Ausgleich zwischen den in Rede stehenden Rechtspositionen. Es geht also nicht darum, eines der Rechtsgüter gegen ein anderes auszuspielen, sondern beide möglichst optimal zur Wirksamkeit gelangen zu lassen. Dieses Prinzip wird auch als **„praktische Konkordanz"**, „Grundrechtsoptimierung" oder „Grundsatz des schonenden Ausgleichs" bezeichnet. **83**

b) Weitere Elemente der materiellen Verfassungsmäßigkeit

Neben der Verhältnismäßigkeit sieht das Grundgesetz weitere materielle Verfassungsmäßigkeitsvoraussetzungen vor, die in der Praxis aus verschiedenen Gründen aber nur eine nachgeordnete Bedeutung haben. Es empfiehlt sich daher, sie in einer gutachterlichen Bearbeitung nur anzusprechen, wenn ein Sachverhalt ausdrücklich auf diese Punkte hinweist. **84**

aa) Kein Einzelfallgesetz – Art. 19 Abs. 1 Satz 1 GG

Das Verbot des Einzelfallgesetzes steht in einer historischen Tradition, in deren Vorstellung allgemeine, also für alle geltende Gesetze staatliche Willkür ausschließen und die Gleichheit vor dem Gesetz wahren. Heute wird dieser Schutz **über Art. 3 GG** geleistet, zudem werden Gesetze oftmals gerade durch den Einzelfall initiiert, was den Gesetzgeber nach Auffassung des BVerfG nicht daran hindert, durch einen Einzelfall angeregt allgemeine Probleme zu lösen und bestimmte **85**

Maßnahmen vorzusehen. Das Gesetz muss nur allgemein formuliert sein, auch wenn tatsächlich nur wenige von ihm erfasst werden. In der Verfassungsrechtspraxis spielt das Verbot des Einzelfallgesetzes daher nur eine geringe Rolle.

bb) Zitiergebot – Art. 19 Abs. 1 Satz 2 GG

86   Dasselbe gilt auch für das Zitiergebot. Die Idee des Grundgesetzes besteht hier darin, dass sich zum einen der Gesetzgeber darüber ausdrücklich Rechenschaft ablegen soll, wenn er ein Grundrecht einschränken möchte, und zum anderen der Gesetzesanwender darauf hingewiesen werden soll, inwieweit ein Gesetz nur grundrechtsrelevant sein darf. Diese Absicht ist in der Staatspraxis angesichts der Fülle denkbarer Grundrechtseingriffe nur schwerlich zu verwirklichen. Daher wurde das Zitiergebot in der – vorgeblich wortlautorientierten, letztlich aber teleologisch motivierten – Rechtsprechung des BVerfG zu dieser Frage **in mehrfacher Hinsicht relativiert:** Danach gilt das Zitiergebot nicht für die Konkretisierung verfassungsimmanenter Schranken bei vorbehaltlosen Grundrechten und für Grundrechte, deren Gesetzesvorbehalt nicht exakt der Formulierung des Art. 19 Abs. 1 Satz 1 GG („durch Gesetz oder aufgrund eines Gesetzes") entspricht, also für Art. 2 Abs. 1 GG, für Art. 3 GG, für allgemeine Gesetze im Sinne von Art. 5 Abs. 2 GG, für Regelungen der Berufsfreiheit nach Art. 12 Abs. 1 GG, für Inhalts- und Schrankenbestimmungen nach Art. 14 GG, Art. 14 Abs. 3 Satz 2 GG und für bloße Regelungsvorbehalte. Ebenso hat das Zitiergebot auch keine Bedeutung für sonstige nur mittelbare oder faktische Eingriffe, da der Gesetzgeber seine Beachtung bei der hier denkbaren Vielzahl von Fallkonstellationen nicht gewährleisten kann. Zudem gilt es nicht für vorkonstitutionelle Gesetze.

cc) Wesensgehaltgarantie – Art. 19 Abs. 2 GG

87   Die Konkretisierung, was den Wesensgehalt eines Grundrechtes ausmacht, bereitet Schwierigkeiten. Denkbar ist eine absolute oder eine relative Bestimmung: Erstere betrachtet den Wesensgehalt als feststehenden Teil einer grundrechtlichen Gewährleistung, letztere erfordert eine jeweils eigene Festlegung für jeden einzelnen Fall mit seinen besonderen Abwägungsbedingungen etc. Da eine absolute Bestimmung uferlos und deshalb praktisch unmöglich erscheint, bleibt nur der relative Ansatz – damit aber kann der Wesensgehaltgarantie heute keine eigenständige Bedeutung mehr zukommen. Die Väter und Mütter des Grundgesetzes hatten naturgemäß nicht die heutige, in sechzig Jahren Rechtsprechung des Bundesverfassungsgerichts entwickelte Grundrechtsdogmatik vor Augen, in der die differenziertere und trans-

parentere Verhältnismäßigkeitsprüfung die Bestimmung des Wesensgehalts praktisch ersetzt hat. Die Intention, dass verhindert werden
sollte, ein Grundrecht so zu begrenzen, dass es letztlich keine Wirksamkeit mehr entfaltet, ist durch den **Verhältnismäßigkeitsgrundsatz**
besser gewährleistet.

dd) Bestimmtheitsgebot

Schließlich muss das eingreifende Gesetz dem Bestimmtheitsgebot **88**
genügen, das sich aus dem in Art. 20 Abs. 3 GG verankerten Rechtsstaatsprinzip ergibt. Dabei kommt es auf die Vorhersehbarkeit der
Konkretheit einer Regelung für den einzelnen an. In der Rechtsprechung des BVerfG mutet die Bewertung der Bestimmtheit zwischen
den Polen der notwendigen Allgemeinheit einer Regelung, z. B. bei
Generalklauseln, und der vorhersehbaren Konkretheit zuweilen beliebig an.

Fall 9 (BVerfGE 108, 282 ff. – Kopftuch): *Nach Ablegung der* **89**
Zweiten Staatsprüfung für das Lehramt an Grund- und Hauptschu
len beantragt eine deutsche Staatsangehörige muslimischen Glau
bens die Einstellung in den Schuldienst des Landes Baden-
Württemberg. Dies wird abgelehnt, da die Antragstellerin nicht
bereit sei, während des Unterrichts auf das Tragen eines Kopftuchs
zu verzichten; somit fehle ihr die für das Amt erforderliche Eig
nung. Nach erfolglosem Beschreiten des Rechtswegs legt sie Verfas
sungsbeschwerde beim BVerfG ein.

Lösung: Das BVerfG hat in seiner Entscheidung 2003 eine Verletzung von Art. 33 Abs. 2 GG i. V. m. Art. 4 Abs. 1 und 2 GG und
mit Art. 33 Abs. 3 GG angenommen, da es an einer hinreichend
bestimmten gesetzlichen Grundlage fehlte. Der in der entsprechenden Norm des Landesbeamtengesetzes enthaltene Begriff der Eignung reiche als Grundlage für die Verpflichtung von Lehrern nicht
aus, die Zugehörigkeit zu einer bestimmten Religion nicht äußerlich
erkennbar werden zu lassen. Dem Landesgesetzgeber stehe es jedoch frei, die bislang fehlende gesetzliche Grundlage zu schaffen. –
Dies ist in Baden-Württemberg kurz nach Verkündung des Urteils
geschehen.

IV. Verfassungsmäßigkeit der Maßnahme

Schließlich kann, wenn das den Eingriff rechtfertigende Gesetz ver **90**
fassungsgemäß ist, noch der aufgrund des Gesetzes erfolgende Eingriff, beispielsweise der konkrete Verwaltungsakt, verfassungswidrig

sein. Zu diesem Prüfungspunkt muss man nicht in jeder Fallgestaltung gelangen, so kann der Eingriff durch ein Gesetz allein erfolgen und ein weiterer Eingriffsakt nicht erforderlich sein.

Beispiel: Ein „Nichtrauchergesetz" verbietet das Rauchen in Gaststätten unmittelbar, eines konkretisierenden Verwaltungsakts bedarf es nicht.

91 Wenn jedoch eine Maßnahme ergriffen wird, beispielsweise weil die gesetzliche Ermächtigung der Verwaltung Ermessensspielräume eröffnet, muss diese ebenfalls verhältnismäßig sein.

92 Voraussetzung hierfür ist, dass das eingreifende Gesetz verfassungsgemäß ist oder keine Abwägung zwischen ihm und dem Grundrecht erfolgen kann, weil das Gesetz hinsichtlich des betroffenen Grundrechts zu abstrakt ist und es deshalb als verfassungsgemäß anzusehen ist.

Beispiel: Die §§ 223, 224, 226 StGB sind im Hinblick auf von der Religionsfreiheit nach Art. 4 Abs. 1 und 2 GG erfassten religiösen Handlungen wie Beschneidungen so abstrakt, dass die Prüfung der Verhältnismäßigkeit auf sinnvolle Weise kaum möglich ist und sie daher als verfassungsmäßig gelten müssen. Ob dies für eine hierauf fußende Verurteilung auch gilt, ist eine Frage der Verhältnismäßigkeit der Maßnahme.

93 Die hier erfolgende Verhältnismäßigkeitsprüfung stellt ebenfalls eine Abwägung dar, und zwar wiederum zwischen dem Grundrecht, in das eingegriffen wird, einerseits und der konkreten Maßnahme auf Basis des diese Maßnahme gestattenden Gesetzes vor dem Hintergrund des kollidierenden Verfassungsrechtsguts andererseits dar. Das BVerfG nennt dies – entwickelt in seiner Rechtsprechung zu Art. 5 Abs. 2 GG, aber für alle Grundrechte geltend – „**Wechselwirkung**", praktisch handelt es sich um eine Facette der bereits erwähnten praktischen Konkordanz.

94 Es handelt sich also nicht um eine verwaltungsrechtliche Verhältnismäßigkeitsprüfung, da nur das Verhältnis der Maßnahme zum Grundrecht untersucht werden darf. Eine weitergehende Überprüfung der Verwaltungsmaßnahme wäre dem BVerfG nicht gestattet, da es sich nicht als „Superrevisionsinstanz" versteht und allein die **Verletzung spezifischen Verfassungsrechts** überprüft. Eine derartige Verletzung liegt vor, wenn grundrechtliche Gewährleistungen außer acht gelassen wurden oder der Ausgleich zwischen mehreren grundrechtlichen Garantien unangemessen hergestellt wurde; erst recht obliegen dem BVerfG hierbei keine Tatsachenfeststellungen.

95 **Fall 10 (BVerfGE 16, 194 ff. – Liquorentnahme):** *Der Geschäftsführer und Hauptgesellschafter einer GmbH hat mehrfach Fragebögen der Handwerkskammer, zu deren Beantwortung er sich nicht* *verpflichtet glaubte, nicht ordnungsgemäß ausgefüllt, sondern mit "ungenügenden, zynischen und teils völlig sinnlosen Vermerken versehen". Daher wurden gegen die Gesellschaft zwei Bußgelder von jeweils 500 DM verhängt; weil er der Gesellschaft damit ein Schaden von 1000 DM zugefügt habe, wurde gegen den Geschäftsführer wegen Organuntreue nach § 81 a GmbHG Anklage erhoben. In der Hauptverhandlung ordnete der Amtsrichter die ärztliche Untersuchung des Angeklagten zur Prüfung seiner Zurechnungsfähigkeit an. Der Gerichtsarzt hielt zur Klärung des Verdachts auf Erkrankung des Zentralnervensystems eine Untersuchung des Liquor – der Gehirn- und Rückenmarksflüssigkeit – für notwendig. Hierzu bedarf es eines Einstichs in den Wirbelkanal mit einer langen Hohlnadel entweder im Bereich der oberen Lendenwirbel oder im Nacken zwischen Schädel- und oberstem Halswirbel. Da der Angeklagte dies verweigerte, ordnete das Amtsgericht – bestätigt durch das Landgericht – die Vornahme dieser Untersuchung nach § 81 a StPO an. Hiergegen legte der Angeklagte Verfassungsbeschwerde zum BVerfG ein.*

Lösung: Das BVerfG hat hier eine Verletzung der körperlichen Unversehrtheit nach Art. 2 Abs. 2 GG bejaht. Die Untersuchungsanordnung war im Lichte des Grundrechts unverhältnismäßig, da es sich nur um eine Bagatellsache gehandelt habe, derentwegen nur eine geringe Strafe, unter Umständen sogar die Einstellung wegen Geringfügigkeit in Betracht kommen dürfte. Demgegenüber könne die Liquorentnahme in einzelnen Fällen auch zu ernsten Komplikationen führen.

Fall 11 (BVerfGE 104, 337 ff. – Schächten): *Das Tierschutzgesetz* **96**
verbietet grundsätzlich das Schächten (Schlachten ohne Betäubung), lässt aber Ausnahmegenehmigungen zu, soweit es erforderlich ist, den Bedürfnissen von Angehörigen bestimmter Religionsgemeinschaften zu entsprechen, denen zwingende Vorschriften ihrer Religionsgemeinschaft das Schächten vorschreiben oder den Genuss von Fleisch nicht geschächteter Tiere untersagen. Ein muslimischer Metzger türkischer Staatsangehörigkeit beantragte vergeblich eine solche Ausnahmegenehmigung. Begründet wurde die Versagung vor allem mit dem Argument, der Verzehr geschächteten Fleisches sei auch für Muslime keine zwingende Vorschrift. Nach erfolglosem Beschreiten des Rechtswegs erhob er Verfassungsbeschwerde.

Lösung: Das grundsätzliche Verbot des Schächtens durch das Tier-schutzgesetz ist nach Auffassung des BVerfG ein verhältnismäßiger Eingriff in Art. 2 Abs. 1 GG, da es die Möglichkeit einer Ausnah-megenehmigung einräumt. Die Entscheidung über die Ausnahme-genehmigung habe aber im Lichte der betroffenen Grundrechte, also von Art. 2 Abs. 1 i. V. m. Art. 4 Abs. 1 und 2 GG, zu erfolgen. Dies bedeute, dass der Staat das Selbstverständnis von Religionsan-gehörigen hinsichtlich ihrer Speisevorschriften nicht unberücksich-tigt lassen dürfe.

trias ist vom BVerfG im Elfes-Urteil (BVerfGE 6, 32, 38) jedoch faktisch auf einen **allgemeinen Gesetzesvorbehalt** reduziert worden, indem es die verfassungsmäßige Ordnung als eine der Verfassung entsprechende Rechtsordnung versteht – mit der Folge, dass Art. 2 Abs. 1 GG durch jedes formell oder materiell verfassungsmäßige Gesetz eingeschränkt werden kann. Demgegenüber sind die beiden anderen Elemente praktisch bedeutungslos geworden: Die Rechte anderer werden durch den Gesetzesvorbehalt ohnehin miterfasst, und das Sittengesetz kann ernsthaft ebenfalls nur bei gesetzlicher Konkretisierung eine Schranke darstellen. Wäre das Sittengesetz tatsächlich naturrechtlich zu verstehen, könnten subjektive richterliche Moralvorstellungen ohne jede parlamentarische Legitimation die grundrechtliche Freiheit beschränken – eine sehr bedenkliche Vorstellung.

101 | **Fall 12 (BVerfGE 6, 32 ff. – Elfes):** *Wilhelm Elfes, zunächst Zentrums- und CDU-Politiker, gründete 1953 die Partei „Bund der Deutschen", deren Politik sich vor allem hinsichtlich der Wiederbewaffnung und der Deutschlandfrage gegen die Bundesregierung richtete. Diese Auffassungen wurden öffentlich auf Veranstaltungen im In- und Ausland vertreten. Als Elfes 1953 die Verlängerung seines Reisepasses beantragte, wurde dies nach § 7 Abs. 1 a PaßG abgelehnt, der in seiner damaligen Fassung die Passerteilung untersagte, wenn Tatsachen die Annahme rechtfertigen, dass der Antragsteller die innere oder äußere Sicherheit oder sonstige erhebliche Belange Deutschlands gefährdet. Elfes konnte daraufhin nicht mehr in andere Länder reisen. War die Ablehnung der Passverlängerung verfassungswidrig?*

Lösung: Diese Entscheidung hat die Grundrechtsdogmatik in dreierlei Hinsicht geprägt: Das BVerfG sah zum einen den Schutzbereich der allgemeinen Handlungsfreiheit als eröffnet an, da Art. 2 Abs. 1 GG als selbständiges Grundrecht die Handlungsfreiheit in umfassender Weise schütze, soweit nicht die in anderen Grundrechten geschützten besonderen Lebensbereiche betroffen seien – was bis zu diesem Zeitpunkt nicht entschieden war. Zum zweiten hat es unter dem Vorbehalt der „verfassungsmäßigen Ordnung" jede formell und materiell verfassungsmäßige Rechtsnorm verstanden, ihn also als einfachen Gesetzesvorbehalt interpretiert. Und schließlich hat das BVerfG drittens Art. 2 Abs. 1 GG als „Grundrecht auf verfassungsgemäßes Handeln" verankert, da jedermann im Wege der Verfassungsbeschwerde geltend machen könne, ein seine Handlungsfreiheit beschränkendes Gesetz gehöre nicht zur verfassungsmäßigen Ordnung, weil es formell oder inhaltlich gegen das Grundgesetz, also auch gegen objektives Verfassungsrecht wie z. B. die Kompetenzordnung, verstoße. – Letztlich hielt das BVerfG die Verfassungsbeschwerde für unbegründet, da sowohl die Norm des PaßG als auch ihre Anwendung verfassungsgemäß gewesen seien.

Fall 13 (BVerfGE 80, 137 ff.– Reiten im Walde): *Das nordrhein-westfälische Landschaftsgesetz erlaubt das Reiten auf Waldwegen nur, wenn diese als Reitwege gekennzeichnet sind. Der Beschwerdeführer ist Eigentümer mehrerer Reitpferde und sieht sich in seiner allgemeinen Handlungsfreiheit verletzt.*   **102**

Lösung: Die Verfassungsbeschwerde war unbegründet, da die gesetzliche Regelung verhältnismäßig war. Mildere Eingriffsmittel (z. B. Verbot des Waldes für Fußgänger) seien nicht ersichtlich, in der Abwägung überwögen die Gefährdung der Fußgänger und die negativ wirkende Auflockerung des Waldbodens. Interessant an dieser Entscheidung sind zwei Aspekte: Zum einen zeigt sie, dass das BVerfG konsequent auch eher weniger eingriffsintensive Sachverhalte in den Schutzbereich der allgemeinen Handlungsfreiheit einbezieht, zum anderen ist das Sondervotum (164 f.) prominent geworden: *Dieter Grimm* hat hier versucht, seinem Unbehagen an der verbreiteten Auffassung der allgemeinen Handlungsfreiheit nachzugeben und den Schutzbereich einzuschränken, indem er durch ihn nicht jede erdenkliche menschliche Betätigung erfasst sieht, sondern nur „konstituierende Elemente der Persönlichkeit", die nicht den Schutz spezieller Freiheitsrechte gefunden haben. Hiergegen ist zu fragen, was an einem weiten Schutzbereich mit prinzipieller Rechtfertigungsnotwendigkeit des Staates eigentlich problematisch ist und warum die bei der Bestimmung der „konstituierenden Elemente" notwendigen Wertungen nicht transparenter als Frage der Verhältnismäßigkeit problematisiert werden sollen.

II. Allgemeines Persönlichkeitsrecht – Art. 2 Abs. 1 Satz 1 i. V. m. Art. 1 Abs. 1 GG

Von einem allgemeinen Persönlichkeitsrecht ist im Text des Grundgesetzes eigentlich nichts zu lesen. Dennoch hat das BVerfG gleichsam als komplementäre Verbürgung zur allgemeinen Handlungsfreiheit den Schutz des allgemeinen Persönlichkeitsrechts aus Art. 2 Abs. 1 Satz 1 GG i. V. m. Art. 1 Abs. 1 GG entwickelt. Verschiedene Facetten des Schutzes lassen sich unterscheiden: **103**

1. Selbstbewahrung

104   Das allgemeine Persönlichkeitsrecht schützt zunächst das Recht auf Selbstbewahrung, also die eigene Privatheit und das Recht, für sich zu sein.

Beispiele: Ärztliche Krankenakten, Gesundheitszustand, Rückzug an einen abgeschiedenen Ort.

105   Der Schutzbereich umfasst dabei – ebenfalls als Ergebnis der Rechtsprechung des BVerfG – **drei** verschiedene **„Sphären"**, die in abgestufter Weise geschützt sind. Im Grunde bedeutet die Unterscheidung verschiedener Sphären ähnlich wie bei der Dreistufenlehre zu Art. 12 GG eine Art **„Vorsortierung der Grundrechtsbetroffenheit" auf Schutzbereichsebene**, die nichts anderes als eine Vorentscheidung für die Gewichtung der Abwägung darstellt. Wie immer bei derartigen Abstrahierungen ist die Abgrenzung der verschiedenen Sphären zuweilen nicht trennschaft zu vollziehen. Folgende Sphären werden in absteigender Schutzintensität unterschieden:

106   Den unantastbaren – also in der Abwägung grundsätzlich stets dominierenden Kernbereich – des Persönlichkeitsrechts stellt die **Intimsphäre** dar, zu der insbesondere Gefühle und Gedanken zählen. Eingriffe stellen hier immer eine Grundrechtsverletzung dar.

Beispiele: Scheidungsakten; heimliche Tonbandaufnahmen; sexuelle Selbstbestimmung.

107   Die **Privatsphäre** stellt den mittleren Bereich dar, von ihr wird das nicht-öffentliche Leben erfasst. An Eingriffe wird hier ein strenger Maßstab angelegt, sie können aber gerechtfertigt sein.

Beispiele: Wohnung; privater Restaurantbesuch.

108   Den geringsten Schutz soll die **Sozialsphäre** erfahren, die das öffentliche Leben betrifft.

Beispiel: Besuch einer öffentlichen Veranstaltung.

109   Eine große Rolle spielt dieser Aspekt des Persönlichkeitsschutzes bei der **Medienberichterstattung über Prominente**. § 23 Abs. 1 Nr. 1 KunstUrhG gestattet die Verbreitung von Bildern mit Personen der Zeitgeschichte, sofern nicht ein berechtigtes Interesse des Abgebildeten verletzt wird. In der verfassungskonformen Auslegung dieser Begriffe des einfachen Rechts hatte das BVerfG ein System des Persönlichkeitsschutzes Prominenter entwickelt, dem der EGMR (NJW 2004, 2647 ff. – Caroline von Monaco) eine eigene, eher an der französischen Tradition eines stärkeren Schutzes Prominenter orientierte Konzeption gegenüberstellte. Überwog das Persönlichkeitsrecht „absoluter" Personen der Zeitgeschichte bisher nur in der Intim- und Teilen der Privatsphäre, scheint jetzt auch für die Sozialsphäre eine Abwägung erforderlich, die sich für den EGMR an dem Kriterium orientieren muss, ob die Aufnahmen zu einer öffentlichen Diskussion über eine Frage allgemeinen Interesses beitragen oder Personen des politischen Lebens betreffen; die alleinige Befriedigung von Neugier reicht nicht aus. Eine entsprechende Entscheidung des BVerfG steht seitdem noch aus, nach der Normenhierarchie müsste aber eigentlich die bisherige Konzeption weitergelten. Das Persönlichkeitsrecht von Kindern Prominenter über- wiegt hingegen immer.

2. Selbstdarstellung

Das allgemeine Persönlichkeitsrecht umfasst weiterhin das Recht **110** auf Selbstdarstellung. Damit ist nicht nur das Recht des einzelnen geschützt, sich selbst der eigenen Vorstellung entsprechend in der Öffentlichkeit darzustellen, sondern auch das Recht, sich gegen negati- ve öffentliche Darstellungen, sei es in Form von Abbildungen, durch das Wort oder sonstige personenbezogene Informationen, zur Wehr zu setzen. Insbesondere wird auch der Schutz vor gefälschten Bildern und Aussagen erfasst.

Beispiele: Schutz der persönliche Ehre; Recht am eigenen Namen, Bild und Wort.

3. Selbstbestimmung

Als weitere Facette des allgemeinen Persönlichkeitsrechts wird die **111** Selbstbestimmung über die eigene Persönlichkeit geschützt, also das Recht, grundsätzlich selbst zu entscheiden, wann und innerhalb wel- cher Grenzen der einzelne über diese persönliche Lebenssphäre ver- fügt, welche Elemente er offenbart und wie er sein Leben ausrichtet.

Beispiele: Verbot des Zwangs zu Selbstbezichtigung über Straftaten; die Mög- lichkeit zur Kenntnis der Abstammung; die Möglichkeit, sich in seiner Mutterspra- che zu informieren und zu kommunizieren; schuldenfreier Eintritt in die Volljäh- rigkeit.

4. Recht auf informationelle Selbstbestimmung

Das Recht auf informationelle Selbstbestimmung ist kein eigenes **112** Grundrecht, sondern nur eine angesichts neuer Herausforderungen weiterentwickelte **Facette des allgemeinen Persönlichkeitsrechts** aus Art. 2 Abs. 1 Satz 1 i. V. m. Art. 1 Abs. 1 GG; konkreter Anlass war das Volkszählungsurteil (BVerfGE 65, 1 ff.).

113   Es schützt einerseits gegen Eingriffe von außen und andererseits die Selbstbestimmung über persönliche Informationen. Träger des Rechts auf informationelle Selbstbestimmung sind nur natürliche Personen, auf juristische Personen ist die Gewährleistung als Bestandteil des allgemeinen Persönlichkeitsrechts nicht anwendbar. Juristische Personen erzielen denselben Schutz über andere Grundrechtsgewährleistungen, z. B. Art. 12 oder 14 GG.

114   Denkbare Eingriffe sind die Erhebung, Speicherung, Verwendung und Weitergabe personenbezogener Daten. Die Sammlung allgemein im Internet verfügbarer Daten stellt keinen Eingriff dar. Schranke für das Recht auf informationelle Selbstbestimmung ist der allgemeine Gesetzesvorbehalt des Art. 2 Abs. 1 GG.

115   Das Grundrecht auf informationelle Selbstbestimmung umfasst zusätzlich einen Anspruch des Bürgers gegen den Staat auf Information über personenbezogene Daten, da nur auf diese Weise Selbstbestimmung über personenbezogene Daten möglich ist. Insofern müssen auf Seiten des Staates insbesondere verfahrensrechtliche Vorkehrungen getroffen werden, diesen Informationsrechten Genüge zu tun. In privaten Rechtsbeziehungen gewinnt das Recht auf informationelle Selbstbestimmung über die mittelbare Drittwirkung Bedeutung.

5. Schutz informationstechnischer Systeme

116   Erst vor kurzem hat das BVerfG (E 120, 274 ff.) als weiterer Bestandteil des Schutzbereichs des allgemeinen Persönlichkeitsrechts – terminologisch missverständlich – ein **„Grundrecht auf Gewährleistung der Vertraulichkeit und Integrität informationstechnischer Systeme"** entwickelt. Hierdurch soll die Sicherheit und Vertraulichkeit der Informationssysteme gegenüber dem Eindringen und Auslesen selbst geschützt werden. Während Art. 13 GG nur bei einem tatsächlichen Zugang zur Wohnung einschlägig ist, kann die Infiltration eines IT-Systems durch die Verbindung zu einem Netzwerk die räumliche Privatsphäre unberührt lassen.

117   Im Hinblick auf die Vertraulichkeit und Integrität informationstechnischer Systeme ist ein Eingriff mit jedem Zugriff auf die dort enthaltenen Daten durch Ausspähung, Überwachung oder Manipulation des Systems gegeben. Das BVerfG versteht dabei den Zugriff auf ein IT-System wegen der zu erlangenden Datenmenge, der Heimlichkeit und der Gefahr für die Rechtsgüterintegrität als Grundrechtseingriff von hoher Intensität. Eingriffe in das Recht auf Gewährleistung der Vertraulichkeit und Integrität informationstechnischer Systeme sieht das BVerfG daher nur dann als verhältnismäßig an, wenn diese zur Bekämpfung konkreter Gefahren für überragend wichtige Rechtsgüter wie Leib, Leben und Freiheit der Person oder bei Gefährdung des Staates oder der Existenz des Menschen selbst erfolgen; zudem bedarf es stets einer richterlichen Anordnung. In den Kernbereich („Intimsphäre") der persönlichen Lebensgestaltung darf niemals eingegriffen werden, hier wäre z. B. eine unverzügliche Löschung in der Auswertungsphase notwendig.

B. Recht auf Leben und körperliche Unversehrtheit – Art. 2 Abs. 2 Satz 1 GG

Das BVerfG hat das Grundrecht auf Leben und körperliche Unver- **118** sehrtheit, zur Verdeutlichung der Gewichtung des Grundrechtes für eine Abwägung, als **„Höchstwert"** innerhalb der grundgesetzlichen Ordnung bezeichnet. Das Recht auf Leben erfasst die biologisch-physische Existenz des Menschen, das Recht auf körperliche Unversehrtheit betrifft die Freiheit vor Eingriffen in die physische Integrität, die auch die physische und psychische Gesundheit meint. Das Grundrecht steht unter **einfachem Gesetzesvorbehalt**, so dass staatliche Tötungen auf gesetzlicher Grundlage prinzipiell denkbar sind.

> **Beispiel:** „Finaler Rettungsschuss".

Fall 14 (BVerfGE 115, 118 ff. – Luftsicherheitsgesetz): *2005 trat* **119** *das Luftsicherheitsgesetz in Kraft. Dort war in § 14 geregelt, dass die Streitkräfte zur Verhinderung des Eintritts eines besonders schweren Unglücksfalles im Luftraum Luftfahrzeuge abdrängen, zur Landung zwingen, den Einsatz von Waffengewalt androhen oder Warnschüsse abgeben dürfen. Die unmittelbare Einwirkung mit Waffengewalt ist nach § 14 Abs. 3 LuftSiG nur zulässig, wenn nach den Umständen davon auszugehen ist, dass das Luftfahrzeug gegen das Leben von Menschen eingesetzt werden soll, und sie das einzige Mittel zur Abwehr dieser gegenwärtigen Gefahr ist. Die Beschwerdeführer wenden sich mit der Verfassungsbeschwerde unmittelbar gegen das Luftsicherheitsgesetz, weil es dem Staat erlaube, vorsätzlich Menschen zu töten, die nicht Täter, sondern Opfer eines Verbrechens geworden seien.*

Lösung: Für das BVerfG ist § 14 Abs. 3 LuftSiG mit Art. 2 Abs. 2 Satz 1 in Verbindung mit Art. 1 Abs. 1 GG nicht vereinbar, soweit vom Abschuss eines Luftfahrzeugs Personen betroffen werden, die als dessen Besatzung und Passagiere auf die Herbeiführung des in § 14 Abs. 3 LuftSiG vorausgesetzten nichtkriegerischen Luftzwischenfalls keinen Einfluss genommen haben. Es sieht die Verhältnismäßigkeit im engeren Sinne nicht gewahrt. Auch der Staat, der in einer solchen Situation zur Abwehrmaßnahme des § 14 Abs. 3 LuftSiG greife, behandle die als Opfer betroffenen Flugzeuginsassen als bloße Objekte seiner Rettungsaktion zum Schutze anderer. Sie könnten diesem Handeln des Staates auf Grund der von ihnen in keiner Weise beherrschbaren Gegebenheiten nicht ausweichen, sondern seien ihm wehr- und hilflos ausgeliefert mit der Folge, dass sie zusammen mit dem Luftfahrzeug gezielt abgeschossen und infolgedessen mit an Sicherheit grenzender Wahrscheinlichkeit getötet würden. Eine solche Behandlung missachte die Betroffenen als Subjekte mit Würde und unveräußerlichen Rechten. Sie würden dadurch, dass ihre Tötung als Mittel zur Rettung anderer benutzt werde, verdinglicht und zugleich entrechtlicht; indem über ihr Leben von Staats wegen einseitig verfügt werde, werde den als Opfern selbst schutzbedürftigen Flugzeuginsassen der Wert abgesprochen, der dem Menschen um seiner selbst willen zukomme.

120   Art. 102 GG schließt die gesetzliche Einführung der Todesstrafe verfassungsunmittelbar als Eingriffsrechtfertigung aus; dasselbe gilt nach Art. 104 Abs. 1 Satz 2 GG die seelische oder körperliche Misshandlung festgehaltener Personen.

121   Auch eine medizinische Heilbehandlung, für die keine wirksame Einwilligung des Betroffenen vorliegt, stellt einen Eingriff dar, der gerechtfertigt werden muss.

122   Das Recht auf Leben und körperliche Unversehrtheit ist in der Rechtsprechung des BVerfG der Hauptanwendungsfall für die Prüfung von **Schutzpflichten**, wenngleich diese wie angesprochen grundsätzlich bei allen grundrechtlichen Verbürgungen denkbar sind.

Beispiel: In seiner ersten Entscheidung (BVerfGE 39, 1 ff. – Schwangerschaftsabbruch I) hat das BVerfG aus der Schutzpflicht abgeleitet, dass der Staat sich schützend und fördernd vor das ungeborene Leben stellen müsse. Daher sah es das Untermaßverbot als verletzt an, wenn der Schwangerschaftsabbruch nicht unter Strafe gestellt werde. In seiner zweiten Entscheidung (BVerfGE 88, 203 ff. – Schwangerschaftsabbruch II) ist das BVerfG bei seinem Ausgangspunkt der Schutzpflicht des Staates in diesem Fall geblieben, hat aber ihre Ausfüllung modifiziert: Art und Umfang des Schutzes im Einzelnen zu bestimmen, sei Aufgabe des Gesetzgebers, der einen angemessenen, d. h. wirksamen Schutz zu gewährleisten habe. Dies könne aber auch in Form eines Schutzkonzepts geschehen, das in der Frühphase der Schwangerschaft in Schwangerschaftskonflikten den Schwerpunkt auf die Beratung der Schwangeren lege, um sie für das Austragen des Kindes zu gewinnen, und dabei auf eine indikationsbestimmte Strafdrohung verzichtet.

C. Freiheit der Person – Art. 2 Abs. 2 Satz 2/Art. 104 GG

I. Systematik

Die in Art. 2 Abs. 2 Satz 2 GG geschützte Freiheit der Person steht **123** auf den ersten Blick unter dem einfachen Gesetzesvorbehalt des Art. 2 Abs. 2 Satz 3 GG. Obwohl Art. 104 GG − auf der Ebene des Schutzbereichs identisch − ebenfalls die Freiheit der Person schützt, nimmt man wenig überzeugend kein einheitliches Grundrecht der Freiheit der Person an, sondern sieht beide Grundrechte als nebeneinanderstehend an. In systematischer Sicht sind Eingriffe in beide Grundrechte aber nur nach Maßgabe der qualifizierten Vorbehaltsregeln des Art. 104 GG gestattet, die daher auch nur gemeinsam geprüft werden sollten: Für alle **Freiheitsbeschränkungen** ist ein förmliches Gesetz (also nicht nur ein materielles) erforderlich – praktisch eine verfassungsunmittelbare Positivierung der Wesentlichkeit −, für den Unterfall der **Freiheitsentziehung** sind zusätzlich die Voraussetzungen des Art. 104 Abs. 2 bis 4 GG zu erfüllen, die insbesondere einen Richtervorbehalt enthalten.

II. Schutzbereich und Abgrenzungen

Die Freiheit der Person soll gegen Festsetzung und Verhaftung schüt- **124** zen und erfasst damit einen Teilbereich der in der allgemeinen Handlungs- und Bewegungsfreiheit des Art. 2 Abs. 1 GG enthaltenen umfassenden Entfaltungs- und Bewegungsfreiheit; letztere tritt insoweit zurück. Die Freiheit der Person schützt also das Recht, sich von einem bestimmten Ort wegzubewegen; demgegenüber gewährt Art. 11 GG die Freizügigkeit, also das Recht, sich zu einem bestimmten Ort hinzubewegen und dort aufzuhalten. Die Freiheit der Person und die Freizügigkeit umfassen also unterschiedliche Gewährleistungen und überschneiden sich nicht.

Bei Strafvorschriften unterscheidet das BVerfG zwischen dem **125** strafbewehrten Verbot und der darin angedrohten Freiheitsentziehung: Während letztere an Art. 2 Abs. 2 Satz 2/104 GG zu messen ist, soll für das Verbot als solches die allgemeine Handlungsfreiheit nach Art. 2 Abs. 1 GG für die Prüfung heranzuziehen sein.

III. Eingriff und Rechtfertigung

Eingriffe sind alle Maßnahmen, die die Bewegungsfreiheit gegen **126** oder ohne den Willen der Person beschränken. Kriterium für die Unterscheidung von Freiheitsbeschränkungen und Freiheitsentziehungen ist die Dauer und Intensität des Eingriffs.

Beispiele für Freiheitsbeschränkungen: Festhalten zur Identifikation; kurzfristige Unterbringung in einer Ausnüchterungszelle zum eigenen Schutz; „Nachsitzenmüssen" eines Schülers.

Beispiele für Freiheitsentziehungen: Haft, Sicherungsverwahrung, Unterbringung in der geschlossenen Psychiatrie; str. ist die Festsetzung von Asylbewerbern im Transitbereich eines Flughafens (vgl. BVerfGE 94, 166 ff.).

Keine Eingriffe in die Freiheit der Person: Platzverweis, Einbestellung zur Untersuchung beim Amtsarzt.

127   Das entscheidende Element der Gewährleistung in Art. 104 GG ist der Richtervorbehalt, der die Freiheitsentziehung an eine entsprechende richterliche Anordnung knüpft. Erfolgt eine Freiheitsentziehung ohne richterliche Anordnung, ist diese unverzüglich nachzuholen. Der Prüfung der Verhältnismäßigkeit kommt in jedem Fall besonderes Gewicht zu, weil in ihr der besonderen Bedeutung der Freiheit der Person Rechnung getragen werden muss.

Beispiel: Nach Ansicht des BVerfG (BVerfG 2 BvR 2365/09) genügen die die Sicherungsverwahrung regelnden § 66 b Abs. 2, § 67 d Abs. 3 Satz 1 StGB und § 7 Abs. 2 JGG nicht dem Grundsatz der Verhältnismäßigkeit. Der in der Sicherungsverwahrung liegende schwerwiegende Eingriff in das Freiheitsgrundrecht könne nur nach Maßgabe strikter Verhältnismäßigkeitsprüfung und unter Wahrung strenger Anforderungen an die zugrundeliegenden Entscheidungen und die Ausgestaltung des Vollzugs gerechtfertigt werden.

D. Religions- und Weltanschauungsfreiheit – Art. 4 Abs. 1 und 2 GG

128   Die Religionsfreiheit ist ein Grundrecht, das nicht nur auf einer langen historischen Entwicklung des Verhältnisses von Staat und Religion sowie zwischen verschiedenen Religionen und Konfessionen in Deutschland beruht, sondern gerade auch in der Gegenwart hohe Aktualität genießt. Regelmäßig rufen Problemlagen in der Auseinandersetzung mit in Deutschland neuen Religionen, namentlich dem Islam, große öffentliche Aufmerksamkeit hervor; zugleich weist die Entwicklung, dass die Gesellschaft in Teilen nicht nur multireligiöser, sondern auch areligiöser wird, Konfliktpotential auf. Dagegen hat die gleichermaßen geschützte Weltanschauungsfreiheit bisher nur eine geringe Rolle in der Rechtsprechung des BVerfG gespielt.

I. Einheitlicher Schutzbereich

Die Formulierung des Art. 4 Abs. 1 und 2 GG könnte als Schutz **129** verschiedener religiöser Grundrechte verstanden werden, nämlich des Glaubens, des Bekenntnisses und der ungestörten Religionsausübung; daneben auch noch des weltanschaulichen Bekenntnisses. Nach ständiger Rechtsprechung des BVerfG sind jedoch alle diese Elemente als **einheitliches Grundrecht** der individuellen und kollektiven Religions- und Weltanschauungsfreiheit aufzufassen. Der Schutzbereich erfasst also die Freiheit, einen Glauben oder eine Weltanschauung zu bilden, zu haben, zu äußern und demgemäß zu handeln.

Hierunter fällt **auch die Ausrichtung des gesamten Lebens** eines **130** Grundrechtsträgers nach seinem individuellen religiösen Verständnis, z. B. hinsichtlich der Kleidung, der Ernährung oder sonstiger Verhaltensweisen wie z. B. Caritas (BVerfGE 24, 236, 247 – Aktion Rumpelkammer). Problematisch hinsichtlich der Abgrenzung erscheint der teilweise vertretene Vorschlag, ein solches Handeln müsse sich aus dem religiösen oder weltanschaulichen Auftrag ableiten lassen und nicht nur bei dessen Gelegenheit stattfinden.

Beispiel: Wenn Muslimen nur der Verzehr geschächteten Fleisches gestattet ist, erscheint es lebensfremd, ein Verbot des Schächtens nicht in den Schutz durch die Religionsfreiheit einzubeziehen, weil der Verzehr von Fleisch als solcher nicht vom Glauben vorgeschrieben werde und Muslime deshalb auf vegetarische Lebensmittel ausweichen könnten.

Geschützt ist zudem die **negative Religions- und Weltanschauungs-** **131** **freiheit**, also das Recht, nicht zu glauben, sich nicht zu bekennen etc.

Träger der Religionsfreiheit können nicht nur Individuen sein, son- **132** dern in kollektiver Hinsicht auch Religionsgemeinschaften („**kollektive Religionsfreiheit**"). Solche sind alle religiösen Organisationen mit einem Mindestmaß an Struktur, nicht nur Körperschaften des öffentlichen Rechts im Sinne von Art. 137 Abs. 5 WRV; sie müssen sich auch nicht sonstiger in der Rechtsordnung bereitgestellter Organisationsformen bedienen.

II. Begriff der Religion und Weltanschauung

Den Begriff der Religion zu definieren, bereitet Schwierigkeiten, **133** weil er in starkem Maße von subjektiven Vorstellungen und vom Selbstverständnis einer Glaubensgemeinschaft abhängt. Insofern steht der Staat vor der Schwierigkeit, einerseits Religion nicht nach objektiven – oder traditionellen, z. B. christlich geprägten (so die anfangs vom BVerfG vertretene „Kulturadäquanzformel") – Merkmalen bestimmen zu können, andererseits aber doch entscheiden zu müssen, ob

II. Meinungsfreiheit

1. Besondere Bedeutung für den demokratischen Staat

Die Meinungsfreiheit des Art. 5 Abs. 1 Satz 1, 1. Fall GG wird all- **147** gemein als von besonderer Bedeutung für den demokratischen Staat angesehen (vgl. BVerfGE 7, 198, 204 ff. – Lüth; 93, 266, 269 – Soldaten sind Mörder): Sie ist **konstituierend für die freiheitlich-demokratische Grundordnung**, weit zu fassen und darf nicht durch eine zu enge Interpretation der Schranken gefährdet werden; im Zweifel müssen Meinungsäußerungen so interpretiert werden, dass sich die Meinungsfreiheit am stärksten verwirklichen kann.

2. Begriff der Meinung

Meinung enthält ein **Element der Wertung**, also der Stellungnahme **148** oder des „Dafürhaltens". Die „Qualität" einer Meinung ist unerheblich.

Problematisch ist die **Abgrenzung zur Tatsachenbehauptung**. **149** Diese enthält an sich kein Werturteil und ist damit verifizierbar oder nicht. Prinzipiell werden Tatsachenbehauptungen nicht vom Schutzbereich erfasst, doch hat sich gezeigt, dass sie zuweilen nur schwer von einer Wertung zu trennen sind; vielfach sind Tatsachen mit – gegebenenfalls versteckten – Wertungen verbunden oder beruhen auf ihnen. Insofern hat das BVerfG oftmals auf die wertenden Elemente vermeintlicher Tatsachenbehauptungen hingewiesen. Im Zweifel sollte daher von einer Meinung ausgegangen werden.

Beispiel: „Soldaten sind Mörder" bringt ein Unwerturteil über die Tätigkeit des Soldaten zum Ausdruck, nicht aber die Tatsachenbehauptung, alle Soldaten seien Mörder im Sinne des StGB (BVerfGE 93, 266 ff.).

Nicht geschützt ist für das BVerfG jedenfalls die **bewusst unwahre** **150** **Tatsachenbehauptung**, allerdings ist zu überlegen, ob der gerade hierin liegenden Wertung nicht – so wie bei allen strafrechtlichen Eingriffen in die Meinungsfreiheit – auf transparentere Weise in der verfassungsrechtlichen Rechtfertigung des Eingriffs begegnet werden sollte.

Strittig ist nach wie vor, ob die Meinung auch **Werbung** umfasst **151** oder nur eine solche ist, die letztlich auf die politische Meinungsbildung abzielt. Die Auffassung des BVerfG, das eine rein kommerzielle Werbung nicht als Meinungsäußerung akzeptiert, kann nicht überzeugen: Erstens erscheint sie inkonsistent, wenn außerhalb der Werbung die Zweckfreiheit von Meinungsäußerungen postuliert wird, zweitens ist kein Grund ersichtlich, Werbung nicht als Meinung zu verstehen. Im Ergebnis mag es hierauf allerdings nicht ankommen, da Werbung

jedenfalls über Art. 12 GG geschützt wird und die Rechtfertigung von
Eingriffen nicht zu anderen Ergebnissen kommen sollte.

152   Geschützt ist von Art. 5 Abs. 1 Satz 1, 1. Fall GG auch die **negative
Meinungsfreiheit.**

3. Allgemeines Gesetz als Schranke

153   Die Rechte aus Art. 5 Abs. 1 GG finden ihre Grenze nach Abs. 2
„in den Vorschriften der allgemeinen Gesetze, den gesetzlichen Bestimmungen zum Schutze der Jugend und in dem Recht der persönlichen Ehre". Im Ergebnis nimmt das BVerfG heute die Allgemeinheit
eines Gesetzes an, wenn seine Intention nicht das Verbot eines bestimmten Meinungsinhalts ist. Vielmehr muss das Gesetz dem Schutz
eines schlechthin, ohne Rücksicht auf eine bestimmte Meinung zu
schützenden Rechtsgutes dienen (sog. **Vereinigungsformel**, BVerfGE
7, 198, 209 – Lüth). Allerdings ist der zweite Teil der Definition eine
Frage, die in der Verhältnismäßigkeit zu prüfen ist, daher kommt es für
die Prüfung des Gesetzesvorbehalts nur auf die Zielrichtung „Mei-
nungsinhalt" – oder genauer: „**Meinungsneutralität**" – an.

   Beispiele für allgemeine Gesetze sind §§ 823, 826 BGB oder die Vorschriften des UWG.

154   In dogmatischer Hinsicht problematisch erscheint die Einschätzung
der Allgemeinheit von § 130 Abs. 4 StGB durch das BVerfG:

155 | **Fall 16 (BVerfGE 124, 300 ff. – Wunsiedel):** *Rechtsanwalt R melde-
te eine Veranstaltung unter freiem Himmel in der Stadt Wunsiedel, wo
sich das Grab von Rudolf Heß befindet, mit dem Thema „Gedenken an
Rudolf Heß" an. Zusätzliches Motto war „Seine Ehre galt ihm mehr
als die Freiheit". Die Veranstaltung wurde nach § 15 Abs. 1 VersG
i. V. m. § 130 Abs. 4 StGB verboten. § 130 Abs. 4 StGB lautet: „Mit
Freiheitsstrafe bis zu drei Jahren oder mit Geldstrafe wird bestraft,
wer öffentlich oder in einer Versammlung den öffentlichen Frieden in
einer die Würde der Opfer verletzenden Weise dadurch stört, dass er
die nationalsozialistische Gewalt- und Willkürherrschaft billigt, ver-
herrlicht oder rechtfertigt." Da alle Rechtsmittel erfolglos blieben,
erhebt R Verfassungsbeschwerde zum Bundesverfassungsgericht.*

   Lösung: Das BVerfG hält die Verfassungsbeschwerde für unbegründet. Es prüft das Verbot nur am Maßstab des Art. 5 Abs. 1 und
2 GG, da sich die Reichweite der Versammlungsfreiheit insoweit
nach dem Umfang des von der Meinungsfreiheit gewährten Schutzes richte. Zwar werde durch § 130 Abs. 4 StGB in die Meinungs-

freiheit eingegriffen, dieser Eingriff sei aber gerechtfertigt, obwohl es sich bei der Norm nicht um ein allgemeines Gesetz im Sinne des Art. 5 Abs. 2 1. Fall GG handle. Diese stelle vielmehr Sonderrecht zur Abwehr von speziell solchen Rechtsgutsverletzungen dar, die sich aus der Äußerung einer bestimmten Meinung, nämlich der nationalsozialistischen Gewalt- und Willkürherrschaft, ergeben. Dennoch sei die Norm auch als nichtallgemeines Gesetz mit Art. 5 Abs. 1 und 2 GG vereinbar. Angesichts des sich allgemeinen Kategorien entziehenden Unrechts und des Schreckens, die die nationalsozialistische Herrschaft über Europa und weite Teile der Welt gebracht habe, und der als Gegenentwurf hierzu verstandenen Entstehung der Bundesrepublik Deutschland sei Art. 5 Abs. 1 und 2 GG für Bestimmungen, die der propagandistischen Gutheißung des nationalsozialistischen Regimes in den Jahren zwischen 1933 und 1945 Grenzen setzen, eine Ausnahme vom Verbot des Sonderrechts für meinungsbezogene Gesetze immanent. Im übrigen sei die Norm auch verhältnismäßig. Auch in der Anwendung der Verbotsnormen konnte das BVerfG keine Unverhältnismäßigkeit entdecken.

Gesetze zum Schutz der Jugend oder der persönlichen Ehre sind **156** immer auch allgemeine Gesetze, daher haben diese Schranken heute keine darüberhinausgehende Bedeutung mehr.

Das BVerfG hat eine sehr ausdifferenzierte, derzeit im Konflikt mit **157** dem EGMR stehende Rechtsprechung zur Abwägung von Meinungsfreiheit (bzw. Presse- und Rundfunkfreiheit) und allgemeinem Persönlichkeitsrecht entwickelt (vgl. auch dort), die ein gestuftes System von Persönlichkeitssphären mit darauf abgestimmten Eingriffsgraden vorsieht. Diese Konzeption spielt insbesondere bei der Berichterstattung über Prominente eine große Rolle.

Weiterhin findet sich in **Art. 17 a Abs. 1 GG** ein einfacher Geset- **158** zesvorbehalt für Eingriffe in die Meinungsfreiheit.

4. Zensur

Die in Art. 5 Abs. 1 Satz 3 GG angesprochene Zensur ist eine aus- **159** drücklich verbotene Form des Eingriffs in die Meinungs-, Presse-, Rundfunk- und Filmfreiheit, die nicht gerechtfertigt werden kann („Schranken-Schranke"). Die Informationsfreiheit wird nicht vom Zensurverbot erfasst. Zensur meint **Vorzensur**, also die Vorlagepflicht eines Kommunikationsprodukts vor dessen Veröffentlichung bei einer Stelle, die die Veröffentlichung verbieten kann. Eine „Nachzensur" als Reaktion auf eine Veröffentlichung ist keine Zensur im Sinne von Art. 5 Abs. 3 GG, sondern als Eingriff am Maßstab von Art. 5 Abs. 2 GG zu bewerten.

III. Informationsfreiheit

160   Die Informationsfreiheit stellt ein gegenüber der Meinungsfreiheit eigenständiges Grundrecht dar, das auf die Abwehr staatlicher Beschränkungen von Informationen gerichtet ist. Vom Schutzbereich werden nach der Rechtsprechung des BVerfG nur Informationen erfasst, die **allgemein zugänglich** sind, also dazu geeignet und bestimmt sind, der Allgemeinheit Informationen zu verschaffen. Die Zugänglichkeit muss nicht jederzeit oder kostenlos gegeben sein.

   Beispiel: Öffnungszeiten oder Eintrittsgebühren für ein Museum.

161   Nicht für die Allgemeinheit bestimmt sind z. B. Behördenakten oder -geheimnisse und private oder persönliche Informationen. Informationsansprüche aus Regelungen wie dem Umweltinformationsgesetz (UIG), dem Informationsfreiheitsgesetz (IFG) oder dem Verbraucherinformationsgesetz (VIG) sollen daher nicht zur allgemeinen Zugänglichkeit führen, sondern den Informationsanspruch nur einfachgesetzlich begründen, sie haben also keine Auswirkung auf den Schutzbereich. Zu überlegen bleibt, ob auf das Kriterium der allgemeinen Zugänglichkeit nicht besser verzichtet werden sollte und Einschränkungen der Informationsfreiheit auf der Rechtfertigungsebene abzuhandeln sind, um zu verhindern, dass über das Kriterium der allgemeinen Zugänglichkeit der Schutz der Informationsfreiheit umgangen werden kann.

III. Pressefreiheit

162   Der Schutz der Pressefreiheit erfasst über den engeren Begriff der Presse hinaus grundsätzlich alle Druckerzeugnisse, also Bücher, Zeitungen, Flugblätter und nicht nur einfach gedruckte Plakate. Sie erstreckt sich außerdem auf die vorgenannten Werke in virtueller Form. Das Medium muss sich an die Allgemeinheit richten, auf Qualität und Quantität kommt es nicht an. Daneben wird für den Schutzbereich auch nicht zwischen Meinung und Tatsache oder redaktionellem Teil und Werbung unterschieden: Alles ist gleichermaßen geschützt.

163   Träger der Pressefreiheit sind jedenfalls der Verlag und die Journalisten oder Pressefotografen, nicht aber nur indirekt an der inhaltlichen Produktion beteiligte Personen wie z. B. Sekretärinnen oder Drucker. Streitig ist, ob eine **„innere Pressefreiheit"** existiert, sich Redakteure also gegenüber der Leitung eines Presseorgans auf die Pressefreiheit berufen können. Überwiegend wird dies abgelehnt, da es sich bei Presse um einen „Tendenzbetrieb" handelt: Maßgeblich ist die Ausrichtung durch den Herausgeber.

Nach nicht recht überzeugender Auffassung des BVerfG ist die **164**
Pressefreiheit **keine Spezialregelung zur Meinungsfreiheit.** Vielmehr
sieht es die in der Presse veröffentlichte Meinung durch die Meinungsfreiheit geschützt, während nur das „Pressespezifische" bei der Kommunikation durch die Pressefreiheit geschützt wird.

IV. Rundfunkfreiheit

Der Rundfunk hat heute insbesondere in Gestalt des Fernsehens eine **165**
nicht zu überschätzende Bedeutung für Gesellschaft und Politik. Rundfunk kann definiert werden als Kommunikation durch elektromagneti-
sche Wellen einschließlich Kabel, Fernsehen, Videotext, gleichgültig
ob analog oder digital, eventuell auch durch das Internet. Geschützt
sind analog zur Presse Programm und Werbung. Träger der Rundfunkfreiheit können Veranstalter und Redakteure sein, sowohl natürliche als
auch juristische Personen; öffentlich-rechtliche Rundfunkanstalten
werden von Art. 19 Abs. 3 GG erfasst.

Das Bundesverfassungsgericht hat die Rundfunkfreiheit außerdem **166**
in einer Vielzahl sog. **„Rundfunkentscheidungen"** sehr detailliert
entfaltet, wobei überwiegend auf die Gegebenheiten der öffentlichen
Trägerschaft von Rundfunk eingegangen wurde und auch Aspekte wie
objektive Gewährleistungsdimensionen oder Teilhabe eine wichtige
Rolle spielten; die öffentliche Trägerschaft stellt, auch in ihrer Bedeutung, in der heute dualen Rundfunkordnung eine Besonderheit beispielsweise gegenüber der ganz weitgehend privaten Presse dar.

V. Filmfreiheit

Die Filmfreiheit erstreckt sich auf die öffentliche Vorführung „be- **167**
wegter Bilder", sowohl mit als auch ohne Ton, unabhängig von Inhalt
oder Qualität. Als Träger der Filmfreiheit kommen Produzent, Regis-
seur, Schauspieler, Filmverleiher oder auch juristische Personen in
Betracht. In ihrer Bedeutung marginalisiert wird die Filmfreiheit heute
einerseits durch die Rundfunkfreiheit, wenn der Film im Fernsehen
gezeigt wird, und andererseits für hierunter fallende Filme durch die
Kunstfreiheit, die als vorbehaltloses Grundrecht eine günstigere
Schrankenregelung enthalte.

G. Kunst- und Wissenschaftsfreiheit – Art. 5 Abs. 3 GG

168   Die Kunstfreiheit und die Wissenschaftsfreiheit sind, anders als die Verbürgungen des Art. 5 Abs. 1 GG, **vorbehaltlose Grundrechte**, als Schranke kommt also nur kollidierendes Verfassungsrecht in Betracht.

I. Kunstfreiheit

169   Für die Bedeutung der Kunstfreiheit elementar ist das Verständnis des sachlichen Schutzbereichs. Damit das Grundrecht nicht den Einschränkungen geschmacklicher Moden oder gesellschaftliche Konventionen unterliegt, ist es sehr wichtig, **Kunst möglichst weit und offen** zu verstehen. Die kunsthistorische Erfahrung lehrt, dass vieles, was heute zum Klassikerbestand der Kunst gezählt wird, in seiner Entstehungszeit heftig kritisiert und ihm oftmals gerade auch die Eigenschaft als Kunst abgesprochen wurde. Daher wäre es auch verfehlt, dem Kunstbegriff das Verständnis eines „bildungsbürgerlichen Durchschnittsbetrachters" oder eines Sachverständigen zugrunde zu legen.

170   Ein solchermaßen offener Kunstbegriff ist aber nur schwerlich zu definieren. Hiermit korrespondierend hat das BVerfG in materialer Hinsicht festgehalten, dass für Kunst die freie schöpferische Gestaltung wesentlich ist, in der Eindrücke, Erfahrungen und Erlebnisse des Künstlers durch das Medium einer bestimmten Formensprache zu unmittelbarer Formensprache gebracht werden. Das künstlerische Schaffen ist primär nicht Mitteilung, sondern Ausdruck der individuellen Persönlichkeit des Künstlers (BVerfGE 30, 173, 188 ff. – Mephisto). Demgegenüber wäre ein rein formaler Kunstbegriff, der nur auf die Zuordnung zu einem bestimmten Werktyp abstellt, viel zu eng.

171   Gerade in den Grenzbereichen des gesellschaftlich Akzeptierten muss sich das Kunstverständnis bewähren: Da es auch in diesem Zusammenhang wiederum viel transparenter ist, etwaigen Gegenrechten erst in der Verhältnismäßigkeitsprüfung mehr Gewicht zuzubilligen, können etwa auch pornographische oder blasphemische Darstellungen Kunst sein. Dasselbe gilt für politische oder gegen Strafgesetze verstoßende Kunstformen: Kunst kann nicht von vornherein auf das Erlaubte beschränkt werden, sondern umgekehrt muss ein Verbot seine Verfassungsmäßigkeit am Maßstab der Kunstfreiheit beweisen.

Beispiele: Graffiti-Sprayer, Beleidigungen oder Schmähungen in Kunstwerken.

172   Dennoch ist es in diesen Beispielen unschwer möglich, in der Verhältnismäßigkeitsprüfung den Eigentumsschutz oder das Persönlichkeitsrecht stärker zu gewichten.

Das Feld der Kunst ist also naturgemäß sehr weit. Oder – cum gra- **173**
no salis – mit *Joseph Beuys*: „Alles ist Kunst, jeder ist Künstler".
Dabei sind sowohl die Herstellung als auch die Kundgabe künstleri-
schen Schaffens (**„Werk- und Wirkbereich"**) geschützt.

Fall 17 (BVerfGE 67, 213 ff. – Anachronistischer Zug): *A wirkte* **174**
während des Bundestagswahlkampfs 1980 an einem Umzug mit,
der in Anlehnung an das Gedicht von Bertolt Brecht „Der Ana-
chronistische Zug oder Freiheit und Democracy" ein politisches
Straßentheater aufführte. Bei dieser Aufführung wurde der Kanz-
lerkandidat der CDU/CSU Franz Josef Strauß u. a. in die Nähe
nationalsozialistischer Personen und Ideen gerückt. A wurde wegen
Beleidigung des bayerischen Ministerpräsidenten zu einer Geld-
strafe verurteilt. Nach Erschöpfung des Rechtswegs erhebt er Ver-
fassungsbeschwerde zum BVerfG.

Lösung: Das BVerfG hat in der Verurteilung des A eine Verletzung seines Grundrechts aus Art. 5 Abs. 3 Satz 1 GG gesehen. Die
Veranstaltung des „Anachronistischen Zuges" falle in den Schutzbereich der Kunstfreiheit, er zeige schöpferische Elemente, da allgemeine und persönliche historische Erfahrungen bezogen auf die
aktuelle politische Situation ausgedrückt und zu unmittelbarer An-
schauung gebracht werden sollten. Auch die vordergründige und
eindeutig politische Absicht der Veranstalter ändere hieran nichts.
Im Strafverfahren hatten die beteiligten Gerichte sich nur auf das
allgemeine Persönlichkeitsrecht bezogen und dieses nicht gegen die
Kunstfreiheit abgewogen; daher hob das BVerfG die Verurteilun-
gen auf und verwies die Sache zurück an das Amtsgericht.

Fall 18 (BVerfGE 83, 130 ff. – Josephine Mutzenbacher): *Der* **175**
Rowohlt-Verlag verlegt den Roman „Josephine Mutzenbacher –
Die Lebensgeschichte einer wienerischen Dirne, von ihr selbst er-
zählt", der erstmals 1906 in Wien erschien und dem Schriftsteller
Felix Salten zugeschrieben wird. In dem Buch werden sexuelle –
auch inzestuöse – Handlungen vorwiegend mit und zwischen Kin-
dern aus dem proletarischen Milieu Wiens im 19. Jahrhundert be-
schrieben. Der Verlag beantragte 1979, den Roman aus der Liste
jugendgefährdender Schriften zu streichen, weil die Schrift nach
heutiger Auffassung ein Kunstwerk sei. Nach § 1 Abs. 1 Satz 1 GjS
(in der damaligen Fassung) sind Schriften, die geeignet sind, Kin-
der und Jugendliche sittlich zu gefährden, in eine Liste aufzuneh-
men. Dies gilt nicht für Schriften, die der Kunst dienen. Die indi-

zierten Schriften dürfen nicht beworben und nur in Geschäftsräumen, die Kindern und Jugendlichen weder zugänglich sind noch von ihnen eingesehen werden können, und ausschließlich an Erwachsene abgegeben werden. Die Bundesprüfstelle lehnte den Antrag ab, die hiergegen gerichtete Klage des Verlages blieb in allen Instanzen erfolglos, daraufhin legte er Verfassungsbeschwerde beim BVerfG ein.

Lösung: Für das BVerfG fällt die indizierte Schrift in den Schutzbereich der Art. 5 Abs. 3 Satz 1 GG, da ihr die Kunsteigenschaft nicht genommen werde, wenn sie möglicherweise zugleich als Pornographie anzusehen sei. Die vorbehaltlose Gewährung der Kunstfreiheit schließe aber eine Indizierung aus Gründen des Jugendschutzes nicht aus. Der in Art. 5 Abs. 2 GG ausdrücklich erwähnte Jugendschutz genieße vor allem aufgrund des in Art. 6 Abs. 2 Satz 1 GG verbrieften elterlichen Erziehungsrechts Verfassungsrang; außerdem folge dies auch aus dem Persönlichkeitsrecht von Kindern- und Jugendlichen aus Art. 1 Abs. 1 i. V. m. Art. 2 Abs. 1 GG. Das Gesetz über die Verbreitung jugendgefährdender Schriften selbst werde den verfassungsrechtlichen Anforderungen gerecht, allein seine Anwendung habe die Kunstfreiheit unberücksichtigt gelassen, weil die von Art. 5 Abs. 3 Satz 1 GG gebotene Gesamtabwägung nicht vorgenommen worden sei. Das BVerfG hob die Entscheidungen daher auf, welches Ergebnis die Abwägung haben würde, ließ es offen. – Die Bundesprüfstelle entschied sich im erneuten Verfahren nach ordnungsgemäßer Abwägung wieder für eine Aufnahme des Romans in die Liste der jugendgefährdenden Schriften; die erneute Klage hiergegen blieb erfolglos.

176   Nicht als Kunst angesehen werden und daher durch andere Grundrechte zu schützen sind eher **handwerkliche Tätigkeiten**, die nicht schöpferisch sind und denen eine künstlerische Formensprache fehlt.

Beispiele: Klavierstimmer, Tonmeister, Restaurator.

177   In personaler Hinsicht wird primär der Künstler durch die Kunstfreiheit geschützt. Daneben ist es auch einleuchtend, sonstige Beteiligte, die die Herstellung oder Kundgabe eines Kunstwerkes ermöglichen, in den Schutzbereich einzubeziehen, sofern hierdurch der Künstler selbst unterstützt wird.

Beispiele: Verleger, Produzenten, Kuratoren, Veranstalter

178   Insofern kommen auch juristische Personen des Privatrechts und des öffentlichen Rechts als Grundrechtsträger in Betracht.

Beispiele: Öffentliche Museen und Theater, Kunst- und Musikhochschulen, öffentliche Rundfunkanstalten.

Die Kunstfreiheit der sonstigen Beteiligten wird allerdings, sofern **179** sie gegen den Künstler selbst ins Feld geführt wird, regelmäßig unterliegen.

II. Wissenschaftsfreiheit

Auch wenn Art. 5 Abs. 3 GG hinsichtlich der Wissenschaftsfreiheit **180** von „Wissenschaft, Forschung und Lehre" spricht, werden diese drei Elemente nicht als getrennte Schutzbereiche, sondern als **einheitliches Grundrecht der Wissenschaftsfreiheit** verstanden.

Das BVerfG (BVerfGE 35, 79, 112) versteht unter Wissenschaft die **181** auf wissenschaftlicher Eigengesetzlichkeit beruhenden Prozesse, Verhaltensweisen und Entscheidungen beim Auffinden von Erkenntnissen, ihrer Deutung und Weitergabe. **Forschung** ist demnach der nach Inhalt und Form ernsthafte und planmäßige Versuch zur Ermittlung der Wahrheit, und zwar in einem methodisch geordneten Verfahren mit einem Kenntnisstand, der in der Regel auf einem wissenschaftlichen Studium beruht. Die Forschungsfreiheit erfasst auch die Forschung außerhalb der Hochschule, sowohl in Forschungsinstituten als auch in der Wirtschaft. Nicht hierunter sollen nachweisbare Fälschungen („Plagiate") oder offenkundige Verfehlungen der Wissenschaftlichkeit systematischer Art fallen – mit Bedenken hinsichtlich der Grenzbereiche, in denen auf diese Weise vielleicht nur neue Forschungsansätze vom wissenschaftlichen Establishment diffamiert werden sollen.

Beispiele: Wunderheiler, Astrologen.

Weiterer Aspekt der Wissenschaftsfreiheit ist die **wissenschaftliche** **182** **Lehre**, die durch den grundsätzlichen Zusammenhang mit eigener wie fremder Forschung gekennzeichnet ist. Im Unterschied zur Schule muss in der Hochschule eine eigene systematische Leistung in der Umsetzung wissenschaftlicher Erkenntnisse in die Lehre vorliegen. Hierzu gehört auch die freie Wahl der Methodik.

Ebenfalls geschützt ist die Lern- und Studierfreiheit in Gestalt des **183** **wissenschaftlichen Lernens**, das von Planmäßigkeit, Ernsthaftigkeit und Wahrheitssuche geprägt ist.

Schließlich schützt die Wissenschaftsfreiheit das Recht der Hoch- **184** schule auf **akademische Selbstverwaltung**, zu der insbesondere auch die Satzungsautonomie gehört.

Träger der Wissenschaftsfreiheit ist jeder, der Wissenschaft betreibt **185** oder betreiben möchte, an allen Hochschulen (nicht nur Universitäten) also Hochschullehrer und vergleichbar Beschäftigte (auch wissenschaftliche Mitarbeiter im Rahmen ihrer eigenen Forschung), außerhalb von Hochschulen auch dortige Forscher (z. B. „Privatgelehrte"). Forscher in Wirtschaftsunternehmen unterliegen der Schranke des Weisungsrechts ihres Unternehmens. Daneben sind Studierende geschützt, einerseits hinsichtlich ihrer Studierfreiheit, andererseits im fortgeschrittenen Stadium bei eigenen Forschungsprojekten. Die Wissenschaftsfreiheit kann auch von juristischen Personen des öffentlichen Rechts geltend gemacht werden, also den Hochschulen selbst, den Fachbereichen oder rechtlich verselbständigten Instituten.

186   Die Bindung der Freiheit der Lehre an die **Treue zur Verfassung** in Art. 5 Abs. 3 Satz 2 GG ist eine − an sich nicht notwendige − Verdeutlichung der ohnehin für alle grundrechtlichen Gewährleistungen existierenden verfassungsimmanenten Schranke des Schutzes der freiheitlich-demokratischen Grundordnung, nicht jedoch, wie zuweilen auch vertreten wird, eine Schutzbereichsbegrenzung. Wissenschaftliche Kritik an der Verfassung ist hingegen gerade von der Wissenschaftsfreiheit umfasst.

H. Schutz von Ehe und Familie – Art. 6 GG

187   Art. 6 GG stellt als Abwehrrecht in Abs. 1 nicht nur die Ehe und Familie unter den besonderen Schutz der staatlichen Ordnung, sondern garantiert den Eltern in Abs. 2 auch das Recht, für das körperliche Wohl ihrer Kinder zu sorgen und sie zu erziehen; zugleich wird ihnen beides auch zur Pflicht gemacht, der (qualifizierte) Gesetzesvorbehalt hierzu findet sich in Abs. 2 Satz 2. Für die Trennung der Kinder von den Eltern gegen deren Willen sieht Abs. 3 eine weitere Qualifizierung vor. Abs. 4 verleiht Müttern einen Anspruch gegen den Gesetzgeber auf Schutz und Fürsorge, und schließlich enthält Abs. 5 einen Gesetzgebungsauftrag zur Herstellung gleicher Bedingungen für uneheliche Kinder, der vom BVerfG als besonderer Gleichbehandlungsanspruch versanden wird. Für Ehe und Familie als Institut wird Abs. 1 zudem üblicherweise eine objektive Schutzpflicht entnommen.

I. Ehe und Familie – Art. 6 Abs. 1 GG

188   Ehe ist für das BVerfG die Verbindung eines Mannes und einer Frau zur grundsätzlich unauflöslichen Lebensgemeinschaft, Familie die umfassende Gemeinschaft zwischen Eltern und Kindern, gleichgültig, ob es sich um eheliche oder uneheliche Kinder handelt. Problematisch ist, dass das einfache Recht beide Institute wesentlich ausgestaltet, die Ausgestaltungen aber zugleich Eingriffe darstellen können. Wiederum

erscheint es sinnvoll, von einem **verfassungsrechtlichen Begriff** von
Ehe und Familie auszugehen, an dem grundsätzlich alle einfachgesetzlichen Regelungen zu messen sind. Wenn oftmals davon gesprochen
wird, dass zwischen „definierenden" und „eingreifenden" Regelungen
unterschieden werden müsse, setzt dies bereits die unausgesprochene
Wertung voraus, dass „definierende" Regelungen gerechtfertigte Eingriffe darstellen.

> **Beispiele:** Eine nur nach ausländischem, nicht aber nach deutschen Recht wirk-
> same Ehe („hinkende Ehe") kann auch ohne einfachgesetzliche Anerkennung
> geschützt sein; auch aus verfassungsrechtlicher Sicht keine Ehe stellen nichteheli-
> che Lebensgemeinschaften oder gleichgeschlechtliche Partnerschaften dar.

Ehe und Familie sind umfassend und vorbehaltlos geschützt, bei- **189**
spielsweise vor Eingriffen in die Ehefreiheit oder vor Diskriminierungen gegenüber anderen Lebensformen. Auch die Entscheidung, keine
Ehe zu schließen, ist vom Schutzbereich erfasst.

> **Beispiele:** Verbot der Eheschließung für Bereitschaftspolizisten oder bei
> Vorliegen einer „Geschlechtsgemeinschaft" (vgl. zu letzterem den früheren § 4
> Abs. 2 EheG: „Eine Ehe darf nicht geschlossen werden zwischen Personen, von
> denen die eine mit Eltern, Voreltern oder Abkömmlingen der anderen Ge-
> schlechtsgemeinschaft gepflogen hat.").

Aus Art. 6 Abs. 1 GG lässt sich allerdings keine Verpflichtung des Ge- **190**
setzgebers zur – oftmals geforderten – Besserstellung von Ehe und Familie gegenüber anderen Lebensformen ableiten (**kein „Abstandsgebot"**).
Es obliegt dem gesetzgeberischen Ermessen, die rechtliche Ausgestaltung beispielsweise von Lebenspartnerschaften der Ehe anzugleichen;
die Grenze liegt dort, wo die Ehe schlechter gestellt würde.

Kein Eingriff in den Schutzbereich von Ehe und Familie – und auch **191**
das Elternrecht – wird vom BVerfG in der Ausweisung von verheirateten Ausländern und der Verweigerung des Nachzugs von ausländi-
schen Ehegatten oder Familienangehörigen gesehen, da in diesen
Fällen das Ehe- und Familienleben auch im Ausland seinen Platz
haben kann. Allenfalls wenn dies aus besonderen Umständen nicht
möglich ist, kann ein Eingriff gegeben sein.

Eingriffe lassen sich nur durch verfassungsimmanente Schranken **192**
rechtfertigen.

Fall 19 (BVerfGE 114, 316 ff. – Zweitwohnungssteuer): *Ein in* **193**
einem Landesministerium beschäftigter Beamter hatte in Hannover
eine Wohnung gemietet, von der aus er werktags seiner Arbeit
nachging. Daneben bewohnte er gemeinsam mit seiner Ehefrau und
seiner Tochter eine als Hauptwohnung angemeldete Wohnung an
einem entfernt gelegenen anderen Ort, wo seine Frau als Beamtin

in der Kommunalverwaltung tätig ist und seine Tochter die Schule besucht. Die Landeshauptstadt Hannover erhebt eine Zweitwohnungssteuer für das Innehaben einer Zweitwohnung im Stadtgebiet. Alle Rechtsmittel gegen den Steuerbescheid blieben erfolglos, der Beamte legte Verfassungsbeschwerde zum BVerfG ein.

Lösung: Das BVerfG sieht in der Zweitwohnungssteuersatzung eine Verletzung des Diskriminierungsverbots des Art. 6 Abs. 1 GG, soweit die Innehabung einer aus beruflichen Gründen gehaltenen Wohnung eines nicht dauernd getrennt lebenden Verheirateten, dessen eheliche Wohnung sich in einer anderen Gemeinde befindet, besteuert werde. Zum von Art. 6 Abs. 1 GG geschützten ehelichen Zusammenleben gehöre die Entscheidung der Eheleute zusammenzuwohnen. Die Innehabung einer Zweitwohnung sei die notwendige Konsequenz der Entscheidung zu einer gemeinsamen Ehewohnung an einem anderen Ort. Der Zweitwohnungssteuer liege insofern ein Steuergegenstand zugrunde, in dem sich das eheliche Zusammenleben in spezifischer Weise verwirkliche. Hingegen würden von der steuerlichen Belastung durch eine Zweitwohnungssteuer solche Personen nicht erfasst, die nicht infolge einer ehelichen Bindung von der Verlegung ihres Hauptwohnsitzes an ihren Beschäftigungsort abgehalten werden. Somit stelle die Zweitwohnungssteuer eine besondere finanzielle Belastung einer von Art. 6 Abs. 1 GG geschützten Ausprägung des ehelichen Zusammenlebens dar, die als Benachteiligung nicht gerechtfertigt werden könne.

II. Elternrecht – Art. 6 Abs. 2 und 3 GG

194   Das in Art. 6 Abs. 2 verankerte Elternrecht schützt die Verantwortung der Eltern für Pflege und Erziehung ihrer Kinder bis zu deren Volljährigkeit. Eltern sind sowohl die leiblichen Eltern als auch die Adoptiveltern, wohl aber nicht die Pflegeeltern. Eingriffe auf gesetzlicher Grundlage sind erlaubt: Die gleichzeitig hierzu formulierte Pflicht der Eltern, über deren Betätigung die staatliche Gemeinschaft nach Art. 6 Abs. 2 GG wacht, lässt sich als qualifizierter Gesetzesvorbehalt für Eingriffe verstehen, die allein der Pflege und Erziehung der Kinder dienen dürfen.

195   Für die Trennung eines Kindes von der Familie gegen den Willen der Eltern sieht Art. 6 Abs. 3 GG einen weiteren qualifizierten Gesetzesvorbehalt vor: Dies darf aufgrund eines Gesetzes nur geschehen, wenn die Erziehungsberechtigten versagen oder die Kinder aus anderen Gründen zu verwahrlosen drohen.

III. Schutz der Mutter – Art. 6 Abs. 4 GG

Der Schutz der Mutter nach Art. 6 Abs. 4 GG stellt als objektive **196** Schutzpflicht einen Gesetzgebungsauftrag dar, der insbesondere werdenden Müttern zugute kommt.

IV. Gleichstellung unehelicher Kinder – Art. 6 Abs. 5 GG

Auch der Gleichstellungsauftrag an den Gesetzgeber nach Art. 6 **197** Abs. 5 GG ist eigentlich als Schutzpflicht zu verstehen. Das BVerfG interpretiert ihn weitergehend als **unmittelbar wirkendes Gleichheitsgebot.**

Fall 20 (BVerfGE 118, 45 ff. – Unterhalt für nichteheliche Kin- **198** **der):** *Das OLG Hamm legt dem BVerfG die Frage vor, ob es mit dem Grundgesetz vereinbar sei, dass § 1615 l Abs. 2 Satz 3 BGB den Unterhalt, den ein Elternteil von dem anderen, nicht mit ihm verheirateten Elternteil wegen der Pflege oder Erziehung des gemeinsamen nichtehelichen Kindes beanspruchen kann, grundsätzlich auf drei Jahre nach der Geburt des Kindes begrenzt und nur ausnahmsweise eine Verlängerung insbesondere unter Berücksichtigung der Kindesbelange vorsieht, während § 1570 BGB, der den Unterhalt regelt, der einem geschiedenen Elternteil wegen der Pflege oder Erziehung des gemeinsamen ehelichen Kindes vom anderen Elternteil geschuldet ist, keine zeitliche Begrenzung enthält und die Rechtsprechung aufgrund dieser gesetzlichen Anspruchsnorm einen Unterhaltsanspruch generell für einen deutlich längeren Zeitraum als drei Jahre gewährt.*

Lösung: Das BVerfG sieht in der unterschiedlichen Regelung der Unterhaltsansprüche für die Betreuung von Kindern einen Verstoß gegen das in Art. 6 Abs. 5 GG an den Gesetzgeber gerichtete Gebot, nichtehelichen Kindern gleiche Bedingungen für ihre leibliche und seelische Entwicklung zu schaffen wie ehelichen Kindern. Auch wenn die Unterhaltsansprüche hier nicht dem Kind selbst, sondern dem das Kind betreuenden Elternteil zustehen, wirkt der Betreuungsunterhalt auf das Kindeswohl ein. Eine Ungleichbehandlung nichtehelicher Kinder entgegen dem Verfassungsauftrag zur Gleichstellung und Gleichbehandlung aller Kinder lasse sich allenfalls durch kollidierendes Verfassungsrecht rechtfertigen, das mit Art. 6 Abs. 5 GG abzuwägen ist. Eine Rechtfertigung der Ungleichbehandlung ergebe sich hier allerdings weder durch eine unterschiedliche soziale Situation der Kinder noch durch eine nach-

wirkende eheliche Solidarität. – Das BVerfG hat beide Normen
bestehen lassen und dem Gesetzgeber eine Frist zur Neuregelung
des verfassungswidrigen Zustands mit dem Maßstab einer gleichen
Unterhaltsdauer gesetzt.

I. Schulische Grundrechte – Art. 7 GG

199   Art. 7 GG enthält verschiedene Verbürgungen auf dem Gebiet des
Schulwesens. Zunächst bestimmt Abs. 1, dass das gesamte Schulwesen
unter der Aufsicht des Staates steht; Art. 7 Abs. 2 und 3 GG institutio-
nalisiert den schulischen Religionsunterricht und versieht ihn mit
einem verfassungsunmittelbaren Anspruch. Art. 7 Abs. 4 bis 6 GG
regelt die Privatschulfreiheit.

I. Schulaufsicht – Art. 7 Abs. 1 GG

200   Das gesamte Schulwesen wird durch Art. 7 Abs. 1 GG unter die
Aufsicht des Staates gestellt; gemeint sind hiermit die der klassischen
Schulausbildung dienenden Einrichtungen.

> **Beispiele:** Allgemeinbildende Schulen, Berufsschulen; nicht hierzu zählen
> z. B. Hochschulen oder Volkshochschulen.

201   Die Norm stellt einen Gesetzesvorbehalt insbesondere gegenüber
dem elterlichen Erziehungsrecht nach Art. 6 Abs. 2 GG dar.

202   **Fall 21 (BVerfGE 47, 46 ff. – Sexualkundeunterricht):** *Das
BVerwG legte dem BVerfG 1975 die Frage vor, ob Normen des
hamburgischen Schulgesetzes und des Schulverfassungsgesetzes,
die die Entscheidung über die Einführung einer Sexualerziehung
der Schulbehörde überließen, mit dem Grundgesetz vereinbar seien.
Ob die Sexualerziehung ein Erziehungsauftrag der Schule sei, war
zu diesem Zeitpunkt seit langem Gegenstand heftiger öffentlicher
Auseinandersetzungen.*

Lösung: Das BVerfG sieht in der Einführung von Sexualerziehung
in der öffentlichen Schule einen Eingriff in das Elternrecht aus
Art. 6 Abs. 2 GG und das Persönlichkeitsrecht des Kindes nach
Art. 2 Abs. 1 GG. Für derartige wesentliche Grundrechteingriffe sei
eine gesetzliche Regelung erforderlich, die der Gesetzgeber selbst
treffen müsse und nicht an die Schulbehörde delegieren dürfe. Eine
solche gesetzliche Regelung werde durch den staatlichen Erzie-
hungs- und Bildungsauftrag nach Art. 7 Abs. 1 GG gestützt. In die-

ser müssten beispielsweise die grundsätzlichen Erziehungsziele des Sexualkundeunterrichts und die Frage geregelt werden, ob Sexualerziehung als fächerübergreifendes Unterrichtsprinzip oder als besonderes Unterrichtsfach mit etwaigen Wahl- oder Befreiungsmöglichkeiten durchgeführt werden solle. Da eine solche gesetzliche Ermächtigung nicht vorgelegen habe, sei der bis dahin stattfindende Sexualkundeunterricht verfassungswidrig gewesen. – Das BVerfG hat zugleich noch – für das Verfahren nicht notwendige, aber politisch wahrscheinlich durchaus gewünschte – Ausführungen zur Verhältnismäßigkeit der Anordnung des Sexualkundeunterrichts in einem Schulgesetz gemacht: Die Sexualerziehung müsse für die verschiedenen Wertvorstellungen auf diesem Gebiet offen sein und allgemein Rücksicht auf das Erziehungsrecht der Eltern und auf deren religiöse oder weltanschauliche Überzeugungen nehmen; insbesondere sei jeder Versuch einer Indoktrinierung zu unterlassen. Eine Zustimmung der Eltern sei nicht erforderlich, sie seien aber rechtzeitig über Inhalt und methodisch-didaktische Ausgestaltung zu informieren

II. Schulischer Religionsunterricht – Art. 7 Abs. 2 und 3 GG

1. Religionsunterricht als ordentliches Lehrfach

Das Grundgesetz ermöglicht und gewährleistet in Art. 7 Abs. 3 Re- **203** ligionsunterricht als **ordentliches Lehrfach** in den öffentlichen Schulen. In den meisten Bundesländern wird Religionsunterricht im Sinne des Art. 7 Abs. 3 GG angeboten, bisher traditionell fast ausschließlich solcher katholischen und evangelischen Bekenntnisses. Daneben gibt es sowohl von staatlicher als auch von muslimischer Seite Bestrebungen, islamischen Religionsunterricht im Sinne des Art. 7 Abs. 3 GG einzurichten, so beispielsweise in Hessen und Nordrhein-Westfalen. Die Regelung des Art. 7 Abs. 3 GG findet gemäß **Art. 141 GG** („**Bremer Klausel**") keine Anwendung in Bundesländern, in denen am 1. Januar 1949 eine andere landesrechtliche Regelung bestand: Dies sind zunächst Bremen, wo nach Art. 32 Abs. 1 BremVerf als Ergebnis einer besonderen religionspolitischen Entwicklung bekenntnismäßig nicht gebundener Unterricht in biblischer Geschichte auf allgemein christlicher Grundlage erteilt wird, und Berlin, wo der Religionsunterricht bei freiwilliger Teilnahme der Schüler durch die Religionsgemeinschaften selbst durchgeführt wird, der Staat sich hieran aber finanziell und materiell beteiligt. Umstritten ist, ob Art. 141 GG auch für die neuen Länder gilt; außer in Brandenburg ist dort aber überall Religionsunterricht eingerichtet worden. Schließlich nimmt Art. 7 Abs. 3 GG **bekenntnisfreie Schulen** von der Gewährleistung des Religionsunterrichts aus; allerdings hat dieser aus der Schulformentwicklung der Weimarer Republik geprägte Begriff heute keinen tatsächlichen Gehalt mehr, da es bekenntnismäßig gebundene öffentliche Schulen wegen der Pflicht zur staatlichen Neutralität ohnehin nur noch dem Namen nach gibt. Die Regelschule ist daher neutral, nicht aber bekenntnisfrei im Sinne des Art. 7 Abs. 3 Satz 1 GG; hierzu kann sie auch nicht erklärt werden, um die Erfüllung des Anspruchs aus Art. 7 Abs. 3 GG obsolet werden zu lassen. Für Privatschulen gilt Art. 7 Abs. 3 GG nicht.

2. Verfassungsunmittelbarer Anspruch

204 Art. 7 Abs. 3 GG gewährt Religionsgemeinschaften – nach zweifelhafter, aber überwiegender Ansicht auch den Erziehungsberechtigten schulpflichtiger Kinder bzw. den religionsmündigen Kindern selbst, hier allerdings notwendigerweise nur im Einvernehmen mit der betreffenden Religionsgemeinschaft – einen **Anspruch auf die Einrichtung von Religionsunterricht** in Form eines ordentlichen Lehrfachs in der Schule. Dieser ist damit als bekenntnisgebundenes staatliches Angebot zu verstehen, dessen Wahrnehmung im Belieben der Religionsgemeinschaft steht. **Religionsgemeinschaften** sind religiös geprägte Gruppen, die über ein Mindestmaß an Organisation und an feststehenden Glaubensinhalten in einem gemeinsamen Bekenntnis verfügen. Eine bestimmte Rechtsform schreibt das Grundgesetz nicht ausdrücklich vor, die Religionsgemeinschaft muss insbesondere keine Körperschaft des öffentlichen Rechts nach Art. 137 Abs. 5 WRV sein. Allerdings macht es die Eigenschaft als ordentliches Lehrfach erforderlich, dass die Mitgliedschaft in der Religionsgemeinschaft eindeutig geregelt ist, damit die Schule weiß, welcher Schüler am Religionsunterricht teilzunehmen hat; daneben bedarf die Religionsgemeinschaft einer Instanz mit verbindlichem Letztentscheidungsrecht über die im Unterricht zu vermittelnden Glaubensinhalte. Insbesondere im Islam haben sich bis heute keine derartigen Strukturen herausgebildet, so dass hierin ein wesentlicher Grund für die Schwierigkeit der Einführung islamischen Religionsunterrichts liegt. Die meisten muslimischen Vereine haben nur wenige Mitglieder und repräsentieren deshalb im Sinne des Art. 7 Abs. 3 GG nicht die Muslime insgesamt; problematisch ist dabei die Ersetzung dieser Anforderung durch Repräsentationsorgane, in denen sich Vertreter verschiedener Vereine und Richtungen – zumeist auf staatliches Betreiben – zusammenfinden.

3. Ausgestaltung

Gegenüber den sonstigen Unterrichtsfächern nimmt Religionsunter- **205**
richt eine Sonderstellung ein: Seine Erteilung als ordentliches Lehrfach
ist staatliche Aufgabe und Angelegenheit; er ist staatlichem Schulrecht
und staatlicher Schulaufsicht unterworfen und muss ein Unterrichtsfach mit derselben Stellung und Behandlung wie alle anderen ordentlichen Lehrfächer sein. Das hat zur Folge, dass der Staat für die Erfüllung der sachlichen und personellen Voraussetzungen zu sorgen hat,
insbesondere muss er die notwendigen Lehrkräfte in der Regel als
eigene anstellen und bezahlen. Diese müssen eine wissenschaftliche
Ausbildung absolviert – daher sind auch entsprechende Studiengänge
vom Staat vorzusehen – und eine staatliche Prüfung abgelegt haben.
Nach Art. 7 Abs. 3 Satz 2 GG darf kein Lehrer gegen seinen Willen
gezwungen werden, Religionsunterricht zu erteilen. Im Stundenplan darf
Religionsunterricht gegenüber anderen Fächern nicht benachteiligt
werden, die Teilnahme ist für die der betreffenden Religionsgemeinschaft
angehörenden Schüler ebenso verpflichtend wie im Hinblick auf die
anderen Unterrichtsfächer auszugestalten. Allerdings sieht Art. 7
Abs. 2 GG die **Möglichkeit der Abmeldung** vom Religionsunterricht
vor.

Im Unterschied zu den sonstigen Schulfächern darf der Staat den **206**
Inhalt der Lehrpläne nicht einseitig festlegen, da Religionsunterricht
nach Art. 7 Abs. 3 Satz 2 GG nur „**in Übereinstimmung mit den
Grundsätzen der Religionsgemeinschaft**" zu erteilen ist. Religionsunterricht in einem bestimmten Bekenntnis ist daher ohne oder gar
gegen den Willen der betreffenden Religionsgemeinschaft nicht zulässig. Zugleich folgt daraus, dass grundgesetzlich angeordnet die staatliche Pflicht zur Beachtung der religiösen und weltanschaulichen Neutralität durchbrochen wird. Deshalb darf – anders als bei allen anderen
Unterrichtsfächern – der **Bekenntnisinhalt** Gegenstand des Religionsunterrichts werden, die Glaubenssätze einer Religionsgemeinschaft
können als bestehende Wahrheiten vermittelt werden. Auch die Lehrkräfte bedürfen aus diesem Grund für ihre Tätigkeit des Einverständ-
nisses der Religionsgemeinschaft.

Religionsunterricht lässt sich somit als **Gemeinschaftsaufgabe von** **207**
Staat und Religionsgemeinschaft charakterisieren, bei der der Staat
den Religionsunterricht als spezifische Ausprägung religiöser Freiheit
für Schüler unter Ausübung seines Aufsichtsrechts nach Art. 7 Abs. 3
Satz 2 GG in den schulischen Unterrichtskanon integriert. Die Lehrpläne für den Religionsunterricht müssen gemeinsam entwickelt werden, dem Staat kommen beispielsweise in pädagogischen Fragen
Mitentscheidungsrechte zu. Die Grenze dieser staatlichen Mitwir-

kungsrechte liegt in der Entscheidung darüber, welche Glaubensinhalte vermittelt werden: Diese dürfen nur von den Religionsgemeinschaften festgelegt werden. Ihnen dürfen deshalb grundsätzlich keine Vorgaben über den Glaubensinhalt gemacht werden, auch nicht in der Form, dass Religionsunterricht beispielsweise als Gemeinschaftsunterricht zusammen mit anderen Religionsgemeinschaften veranstaltet wird.

208 Grundsätzlich steht dem Staat über die im Religionsunterricht zu vermittelnden **Glaubensinhalte** kein Mitspracherecht zu. Eine Überprüfung dieser Inhalte auf ihre Vereinbarkeit beispielsweise mit allein aufgrund einer Landesverfassung oder eines Schulgesetzes geltenden Erziehungszielen verbietet sich daher. Begrenzungen der Glaubensinhalte lassen sich nur mit dem Schutz sonstiger Verfassungsgüter des Grundgesetzes rechtfertigen. Dabei ist zu beachten, dass nicht jedes denkbare Verfassungsrechtsgut in Betracht kommt, da die Vermittlung von Glaubensinhalten im Religionsunterricht selbst Ausdruck grundrechtlicher Freiheit ist, die Inhalte also als unter dem Schutz der Religionsfreiheit stehend gedacht werden müssen. Deshalb kann sich das staatliche Interesse an der Beachtung sonstiger Verfassungsgüter nur dort durchsetzen, wo der Staat des Grundgesetzes und seine wesentlichen Prinzipien in der Glaubenslehre abgelehnt werden. Die im Unterricht vermittelten Glaubenslehren müssen also mit Prinzipien wie Rechtsstaat und Demokratie, der Anerkennung der Religionsfreiheit, dem Verbot der Staatskirche oder der Staatsreligion, den Grundsätzen der religiösen oder weltanschaulichen Neutralität des Staates oder der weltlichen Parität der Religionen zu vereinbaren sein. Auch hieraus können sich beispielsweise für Auffassungen innerhalb des Islam, die aufgrund eines traditionellen Verständnisses der Einheit von Islam und Staat die säkulare freiheitliche Demokratie westlichen Zuschnitts im Grundsatz nicht akzeptieren, Schwierigkeiten ergeben.

III. Privatschulfreiheit – Art. 7 Abs. 4 bis 6 GG

209 Art. 7 Abs. 4 Satz 1 GG schützt das Recht, private Schulen zu errichten und zu betreiben. Dieses grundsätzlich formulierte Recht wird in Abs. 4 Satz 2 bis 4 und in Abs. 5 für zwei Fälle eingeschränkt: Zum einen bedürfen private Schulen als Ersatz für öffentliche Schulen der Genehmigung („Ersatzschulen"), zum anderen müssen private Volksschulen für die Erteilung einer Genehmigung zusätzlich weitere Voraussetzungen erfüllen. „Vorschulen" sind nach Abs. 6 immer verboten.

1. Private Ergänzungsschulen – Art. 7 Abs. 4 Satz 1 GG

Privatschulen, die keine Ersatz-, Volks- oder Vorschulen sind – also **210** sogenannte „**Ergänzungsschulen**" –, können ohne Genehmigung errichtet und betrieben werden. Für sie besteht unmittelbar aus dem Grundgesetz kein Anspruch auf finanzielle Förderung. Gesetzliche Einschränkungen können auf Art. 7 Abs. 1 GG gestützt werden.

2. Private Ersatzschulen – Art. 7 Abs. 4 GG

Unter Ersatzschule wird eine Privatschule verstanden, die nach ih- **211** rem Gesamtzweck als Ersatz für eine in dem Land (nach Landesrecht) vorhandene oder grundsätzlich vorgesehene öffentliche Schule, die keine Volksschule ist, dienen soll. Auf die Genehmigung einer solchen Ersatzschule besteht ein **verfassungsunmittelbarer Anspruch**, wenn diese in Lehrzielen und Einrichtungen sowie der Ausbildung und Stellung der Lehrkräfte gleichwertig zu öffentlichen Schulen ist; außerdem darf die Sonderung der Schüler nach den Besitzverhältnissen der Eltern nicht gefördert werden. Da sich diese Voraussetzungen bei einer allein durch Schulgeld finanzierten Ersatzschule wegen dessen notwendiger Höhe in der Regel gegenseitig ausschließen, nimmt das BVerfG eine **grundsätzliche staatliche Pflicht zur finanziellen Unterstützung** von Ersatzschulen an. Wie diese Unterstützungspflicht landesgesetzlich genau zu konkretisieren ist, wird in Rechtsprechung und Lehre kontrovers beurteilt. Üblicherweise geht mit der Genehmigung auch eine Anerkennung einher, die die Beleihung zur Vornahme von Verwaltungsakten (Zeugniserteilung mit öffentlich-rechtlicher Wirkung etc.) einschließt. Auch Ersatzschulen stehen unter der Ermächtigung zur staatlichen Schulaufsicht nach Art. 7 Abs. 1 GG.

3. Private Volksschulen – Art. 7 Abs. 5 GG

Für private Volksschulen wird die grundsätzliche Genehmigungs- **212** pflicht nach Art. 7 Abs. 4 GG durch zusätzliche Erfordernisse eingeschränkt. Unter Volksschulen werden (bisher) Grund- und Hauptschulen verstanden. Sie sind zu genehmigen und ebenfalls grundsätzlich finanziell zu fördern, wenn ein besonderes pädagogisches Interesse anerkannt wird oder die Schule auf Antrag der Erziehungsberechtigten als Gemeinschafts-, Bekenntnis- oder Weltanschauungsschule errichtet und betrieben werden soll und eine öffentliche Volksschule dieser Art in der Gemeinde nicht besteht. Ob der Schulverwaltung bei der Entscheidung über das Vorliegen der Voraussetzungen ein Beurteilungsspielraum zukommt, ist umstritten.

4. Vorschulen – Art. 7 Abs. 6 GG

213 Der Begriff der „Vorschule" stammt aus der **Schulpraxis des Kaiserreichs**; damals dienten Vorschulen der Vorbereitung auf weiterführende Schulen anstelle des Besuchs der Volksschule und leisteten so aufgrund des hierfür zu zahlenden Schulgeldes der sozialen Separierung Vorschub. Derartige Vorschulen sind nach Art. 7 Abs. 6 GG, wie schon in Art. 147 Abs. 3 WRV, verboten. Sie haben nichts mit heutigen Vorschulen zu tun, die auf die Grundschule vorbereiten sollen.

J. Versammlungsfreiheit – Art. 8 GG

I. Schutzbereich

214 Die Versammlungsfreiheit ist nach Auffassung des BVerfG als „kollektive Meinungsfreiheit" unentbehrlich für die demokratische Ordnung. Sie enthält eine einheitliche grundrechtliche Gewährleistung mit unterschiedlichen Schranken: Versammlungen unter freiem Himmel sind in Art. 8 Abs. 2 GG mit einem einfachen Gesetzesvorbehalt versehen, Versammlungen in geschlossenen Räumen sind vorbehaltlos gewährleistet, können aber zum Schutz kollidierender Verfassungsrechtsgüter auf gesetzlicher Grundlage beschränkt werden.

215 Als Versammlung wird eine **aus zwei oder mehreren Personen bestehende Gruppe** verstanden, die durch ihr Zusammentreffen einen **gemeinsamen Zweck** verfolgt, der sie innerlich verbindet. Zum Teil wird auch eine Mindestzahl von drei oder sieben vertreten, was sich aus dem Wortlaut der Norm aber nicht ergibt. Gruppen ohne gemeinsamen Zweck sind Ansammlungen.

> **Beispiele** – kein gemeinsamer Zweck: Sportveranstaltungen, Open-Air-Konzerte, gegebenenfalls kann hier aber das Gemeinschaftserlebnis den Zweck begründen, z. B. bei „public viewing"; – gemeinsamer Zweck: Streichquartett.

216 Das BVerfG fordert in neuerer Zeit, dass der gemeinsame Zweck auf eine **Kommunikation nach außen** angelegt sein muss. Ganz eng wird der Versammlungsbegriff verstanden, wenn zusätzlich eine **politische Kommunikation**, also die Erörterung öffentlicher Angelegenheiten gefordert wird. Beide Einschränkungen überzeugen nicht, da die Meinungsäußerung bereits in Art. 5 Abs. 1 GG geschützt wird, während bei Art. 8 GG eher die gemeinschaftliche Persönlichkeitsentfaltung im Mittelpunkt steht.

217 Die Form der Veranstaltung ist ebenso geschützt wie die Wahl von Zeitpunkt und Ort.

Beispiele: Zeltlager, Mahnwache, Schweigemarsch.

Auch dürfen private Grundstücke, die juristischen Personen des Pri- **218** vatrechts im öffentlichen Eigentum gehören und allgemein öffentlich zugänglich sind, genutzt werden.

Beispiele: Bahnhöfe, Flughäfen.

Geschützt ist der gesamte Ablauf der Versammlung einschließlich **219** Vorbereitung und Werbung, ebenso während der Veranstaltung das Tragen gemeinsamer Kleidung oder Mützen, das Verteilen von Handzetteln und die Nutzung von Megaphonen oder Transparenten.

An sich sind Versammlungen nach § 14 Abs. 1 VersammlungsG **220** anzumelden, für das BVerfG folgt aus Art. 8 GG aber grundsätzlich auch das Erlaubtsein von **„Spontanversammlungen"**, die die Anmeldepflicht nicht einhalten können.

Die Merkmale „friedlich" und „ohne Waffen" sind Teil des Schutz- **221** bereichs, grenzen ihn also ein. **Unfriedlich** ist eine Versammlung, die einen gewalttätigen Verlauf nimmt oder sich von vornherein auf die Begehung von Straftaten richtet. Rechtsverstöße, die in einer ansonsten friedlichen Versammlung nur von einzelnen begangen werden, lassen die Versammlung insgesamt nicht unfriedlich werden.

Waffen sind alle Gegenstände, die mitgeführt werden, um damit **222** Menschen zu verletzen. Gegenstände zum Schutz (fehlgehend auch „passive Bewaffnung" genannt) sind keine Waffen, können aber das Merkmal der Unfriedlichkeit erfüllen.

Beispiele: Vermummung, Schutzhelme.

Geschützt ist auch die **negative Versammlungsfreiheit**, also das **223** Recht, nicht an einer Versammlung, einer Kundgebung etc. teilnehmen zu müssen.

Art. 8 GG ist ein sogenanntes „Deutschengrundrecht", was aber **224** heute – wie ausgeführt – vielfach relativiert ist. Hinzukommt, dass § 1 Abs. 1 VersG den Schutzbereich einfachgesetzlich auf „jedermann" erweitert.

II. Eingriffe

Kriterium für **Versammlungen in geschlossen Räumen** ist nicht **225** das Dach, sondern die beschränkte Zugänglichkeit, beispielsweise durch eine seitliche Einfriedung.

Beispiel: Fußballstadion, Innenhof.

Versammlungen unter freiem Himmel, also solche im öffentli- **226** chen Raum, unterliegen einem einfachen Gesetzesvorbehalt, der bisher im wesentlichen durch das VersG ausgefüllt wird. Mittlerweile ist das **Versammlungsrecht** in die **Gesetzgebungskompetenz der Länder** überführt worden; soweit die Länder hiervon bisher Gebrauch gemacht haben, müssen sie sich allerdings an der elaborierten Rechtsprechung des BVerfG messen lassen, so dass ihnen wenig Raum für Abweichungen bleibt. Im übrigen gilt das Versammlungsgesetz des Bundes nach Art. 125 a GG fort.

227   Zudem muss ohnehin die Zulässigkeit aller Eingriffe gemäß der Wechselwirkungslehre im Lichte der Versammlungsfreiheit beurteilt werden. Demgemäß können das Verbot oder die Auflösung nur als letztes Mittel zur Anwendung kommen, also bei unmittelbaren, schweren Gefährdungen für die öffentliche Sicherheit. Polizeiliche Eingriffe in Versammlungen, die auch in den Schutzbereich des Art. 5 Abs. 1 GG fallen, müssen außerdem meinungsneutral sein, da sie Art. 5 Abs. 2 GG Rechnung tragen müssen.

228   **Fall 22 (BVerfGE 111, 147 ff. – NPD-Demonstration):** *Der Landesverband Nordrhein-Westfalen der NPD meldete 2003 in Bochum zwei Aufzüge mit Kundgebungen unter dem Motto „Keine Steuergelder für den Synagogenbau. Für Meinungsfreiheit." an. Das Polizeipräsidium Bochum verbot die Durchführung der Veranstaltungen mit der Begründung, dass nach gegenwärtiger Kenntnislage die öffentliche Ordnung im Sinne von § 15 VersG unmittelbar und erheblich gefährdet sei. Für die Verbotsverfügung wurde die sofortige Vollziehung angeordnet. Hiergegen legte der Landesverband Widerspruch ein und beantragte zugleich die Wiederherstellung der aufschiebenden Wirkung. Nachdem dieser Antrag letztinstanzlich abgewiesen worden war, legte er Verfassungsbeschwerde zum BVerfG ein und beantragte zugleich den Erlass einer einstweiligen Anordnung zur Wiederherstellung der aufschiebenden Wirkung.*

Lösung: Der Antrag auf Erlass der einstweiligen Anordnung hatte Erfolg. Die im Eilrechtsverfahren allein mögliche vorläufige Prüfung lasse eine Rechtsgrundlage für das ausgesprochene Versammlungsverbot nicht erkennen. Staatliche Beschränkungen einer Meinungsäußerung beträfen den Schutzbereich von Art. 5 Abs. 1 GG und fänden ihre Rechtfertigung, auch wenn die Meinungsäußerung im Rahmen einer Versammlung erfolge, in den Schranken des Art. 5 Abs. 2 GG. Daher könne der Inhalt einer Meinungsäußerung, der im Rahmen von Art. 5 GG nicht unterbunden werden dürfe, auch nicht zur Rechtfertigung von Maßnahmen herangezogen werden, die das Grundrecht des Art. 8 GG beschränkten. Die mögliche Erfüllung des Straftatbestandes der Volksverhetzung als allgemeines Gesetz sieht das BVerfG offenbar als nicht gegeben an. Im übrigen könnten Einschränkungen von Versammlungen wegen des Inhalts der mit ihnen verbundenen Äußerungen nicht darauf gestützt werden, dass das Grundgesetz sich angesichts der Erfahrungen mit dem Nationalsozialismus für eine wehrhafte Demokratie entschieden habe: Hierfür bedürfe es kollidierenden Verfassungsrechts, das vorliegend jedoch nicht gegeben sei. Eine Berufung auf ungeschriebene verfassungsimmanente Schranken als Rechtfertigung für sonstige Maßnahmen zum Schutz der freiheitlichen demokratischen Grundordnung – wie sie das OVG Münster vertreten hatte – stehe die Sperrwirkung beispielsweise von Art. 21 Abs. 2 GG entgegen. Daher stellte das BVerfG die aufschiebende Wirkung des Widerspruchs wieder her.

Für die Dauer einer Demonstration ist das allgemeine Polizei- und **229** Ordnungsrecht nicht anwendbar, das **Versammlungsrecht ist „polizei(gesetz)fest"**. Erst nach der Beendigung oder Auflösung gilt wieder das allgemeine Polizeirecht.

Den Staat trifft hinsichtlich der Versammlungsfreiheit grundsätzlich **230** eine objektive Schutzpflicht, er muss also das seine tun, den Bürgern die Ausübung der Versammlungsfreiheit zu ermöglichen, beispielsweise auch gegenüber Störungen der Versammlung durch Dritte; diese Pflicht wird als **„Grundsatz der Versammlungsfreundlichkeit"** bezeichnet.

Beispiel: Eine Demonstration einer politisch extremen Partei ist wegen einer angekündigten gewalttätigen Gegendemonstration nicht zu verbieten, sondern die Polizei muss die Gewalttätigkeit und gegebenenfalls die Gegendemonstration unterbinden.

K. Vereinigungs- und Koalitionsfreiheit – Art. 9 GG

Art. 9 Abs. 1 GG schützt die allgemeine Vereinigungsfreiheit, Art. 9 **231** Abs. 3 GG garantiert als lex specialis hierzu das Recht, Vereinigungen zur Wahrung und Förderung der Arbeits- und Wirtschaftsbedingungen zu bilden.

I. Vereinigungsfreiheit – Art. 9 Abs. 1 GG

Die Vereinigungsfreiheit schützt die Gründungsfreiheit und den **232** Kernbereich der Tätigkeit einer Vereinigung. Sie ist als „Deutschengrundrecht" ausgestaltet und vorbehaltlos gewährt. Die Vereinigungsfreiheit ist nicht nur als politisches Grundrecht zu verstehen, sondern erstreckt sich auf Vereinigungen aller Art, also auch auf wirtschaftliche, kulturelle oder sportliche. Im Verhältnis zu anderen Grundrechten sind vor allem zwei Aspekte zu beachten: Für religiöse und weltanschauliche Vereinigungen ist Art. 4 einschließlich Art. 140 GG i. V. m. Art. 137 Abs. 2 und 3 WRV spezieller; politische Parteien fallen zwar unter die Vereinigungsfreiheit, ihr Verbot richtet sich jedoch nach Art. 21 GG.

233   Der **Begriff der Vereinigung** wird weit ausgelegt: Hierunter sind alle Formen von Zusammenschlüssen natürlicher und juristischer Personen zu verstehen, die folgende Elemente aufweisen: Personenmehrheit (mindestens zwei Personen), Freiwilligkeit, zeitliche und organisatorische Stabilität und gemeinsamer Zweck. Rechtsform und Art des Zweckes sind unerheblich.

> **Beispiel:** Keine Vereinigung ist eine Stiftung, da sich in ihr keine Personen zusammenfinden.

234   Geschützt sind durch Art. 9 Abs. 1 GG das **Entstehen und Bestehen der Vereinigung**, also die Gründung, der Beitritt sowie die Grundbedingungen ihrer Existenz, Funktionsfähigkeit und kollektiven Selbstbestimmung. Ebenso geschützt ist auch die **negative Vereinigungsfreiheit**, also das Recht, einer Vereinigung nicht beizutreten.

235   Nach Auffassung des BVerfG fallen Zwangszusammenschlüsse und öffentlich-rechtliche Zusammenschlüsse nicht in den Schutzbereich; hier ergebe sich der Schutz – die öffentlich-rechtlichen Vereinigungen wären ohnehin ausgenommen – aus Art. 2 Abs. 1 GG. Daraus folge im Umkehrschluss („Kehrseitenargument"), dass auch der Schutzbereich der negativen Vereinigungsfreiheit für die **Zwangsmitgliedschaft** des einzelnen nicht eröffnet sei. Dies ist nicht nachvollziehbar, wenngleich der stattdessen gewährte Schutz über Art. 2 Abs. 1 GG letztlich nicht weniger weit reichen sollte.

> **Beispiel:** Mitgliedschaft in Industrie- und Handelskammern oder Handwerkskammern; Mitgliedschaft in der Studierendenschaft.

236   In der Abgrenzung im einzelnen schwierig zu beantworten ist die Frage, ob über die genannten geschützten Bereiche hinaus auch sonstige Tätigkeiten einer Vereinigung vom Schutzbereich erfasst werden. Sinnvollerweise sollten alle nur im Rahmen der Vereinigung wahrgenommenen Tätigkeiten nicht von der Vereinigungsfreiheit geschützt werden, sondern den Grundrechten zugeordnet werden, die dieselbe Tätigkeit auch bei individueller Ausübung schützen. Auf diese Weise kann ein nicht notwendiger doppelter Grundrechtsschutz vermieden werden.

> **Beispiel:** Eine Aktiengesellschaft wird als Vereinigung von Art. 9 Abs. 1 GG erfasst, ihre wirtschaftliche Betätigung aber von Art. 12 oder 14 GG.

Träger der Vereinigungsfreiheit sind deutsche natürliche Perso-   **237**
nen und inländische juristische Personen als Mitglieder einer Vereinigung sowie die Vereinigung selbst. Dasselbe gilt für EU-Ausländer
und juristische Personen aus EU-Staaten. Sonstige Ausländer und
ausländische juristische Personen werden – inhaltlich weitgehend
identisch – von der allgemeinen Handlungsfreiheit des Art. 2 Abs. 1
GG geschützt.

Einschränkungen der Vereinigungsfreiheit sind nur aufgrund **ver-**   **238**
fassungsimmanenter Schranken möglich. Daneben sind in Art. 9
Abs. 2 GG Schranken angeführt – es handelt sich also nicht um Einschränkungen des Schutzbereichs. Wichtig zum Verständnis ist zunächst, dass die Formulierung „sind verboten" kein Verbot kraft Verfassung meint, sondern stets ein Verbotsverwaltungsakt durch die
zuständige Behörde (in der Regel die Innenministerien des Bundes
oder der Länder) erforderlich ist. Ein solcher bedarf nach übereinstimmender Auffassung weiterhin einer einfachgesetzlichen Grundlage, die
Verfahren und Zuständigkeit regelt; daher ist **Art. 9 Abs. 2 GG als**
qualifizierter Gesetzesvorbehalt anzusehen.

Die Verbotstatbestände des Grundgesetzes sind „**vereinigungs-**   **239**
freundlich" auszulegen: „Zuwiderlaufen gegen Strafgesetze" bedeutet
eine grundsätzlich kriminelle Ausrichtung der Vereinigung, nicht
jedoch jeden Verstoß gegen Strafgesetze durch einen Vorstand oder
einzelne Mitglieder. Mit „verfassungsmäßiger Ordnung" sind nicht alle
verfassungsgemäßen Gesetze wie bei Art. 2 Abs. 1 GG gemeint, sondern die freiheitlich-demokratische Grundordnung. Ein „Verstoß gegen
den Gedanken der Völkerverständigung" liegt nicht bei Kritik an
anderen Ländern oder der Europäischen Union vor, sondern bei der
generellen Ablehnung internationaler Kontakte. Bei allen diesen Tat-
beständen ist eine „aggressiv-kämpferische Haltung" der Vereinigung
erforderlich. Konkretisierungen finden sich im Vereinsgesetz.

II. Koalitionsfreiheit – Art. 9 Abs. 3 GG

Die in Art. 9 Abs. 3 GG geregelte Koalitionsfreiheit ist **eine speziel-**   **240**
lere Regelung der Vereinigungsfreiheit für den Bereich der wirt-
schaftlichen und beruflichen Betätigung. Koalition ist eine Vereinigung, die das Ziel hat, Arbeits- und Wirtschaftbedingungen zu fördern.
Dies sind unzweifelhaft Gewerkschaften und Arbeitgeberverbände,
Probleme kann die Abgrenzung zu sonstigen Wirtschaftsverbänden
oder Arbeitnehmerverbänden bereiten. Als weitere Voraussetzungen
nennt das BVerfG die Ausschließlichkeit von Arbeitgebern und Ar-
beitnehmern als Mitglieder (Gegnerfreiheit), die Unabhängigkeit von
der Gegenseite (Gegnerunabhängigkeit), die Überbetrieblichkeit (keine

„Hausgewerkschaft") sowie die einheitliche Organisation der Interessen (Homogenität).

241   Geschützt ist von der Koalitionsfreiheit die **freie Bildung und Betätigung von Koalitionen**, wobei letzteres vor allem die Förderung der Arbeits- und Wirtschaftsbedingungen und die Freiheit der gemeinsamen Verfolgung eines Zweckes meint. Ganz zentral hierbei ist die **Tarifautonomie**, das heißt die Freiheit zum Abschluss von Tarifverträgen und sonstigen Vereinbarungen über Lohn- und Arbeitsbedingungen ohne staatlichen Einfluss. Allerdings kann die Tarifautonomie keine Verbindlichkeit der Tarifergebnisse gegenüber dem Gesetzgeber bewirken; gesetzliche Bestimmungen zu Lohn oder Arbeitszeit berühren den Schutzbereich also nicht – gegebenenfalls aber den anderer Grundrechte (z. B. Art. 12 GG). Als weitere klassische Ausprägungen fallen das Streikrecht und das Recht zur Aussperrung in den Schutzbereich der Koalitionsfreiheit. Diese müssen als Arbeitskampfmaßnahmen auf den Abschluss von Tarifverträgen gerichtet und verhältnismäßig sein. Nichts mit der Koalitionsfreiheit zu tun haben „politische Streiks", also solche, deren Adressaten Gesetzgeber oder Regierung sind; sie sind in Deutschland unzulässig. Unter den Schutzbereich fällt auch die **negative Koalitionsfreiheit.**

242   Inhaber der individuellen Koalitionsfreiheit sind Arbeitnehmer und Arbeitgeber, Inhaberin der kollektiven Koalitionsfreiheit ist die Koalition selbst. Die Koalitionsfreiheit erfasst auch Beamte, allerdings ist ihnen in traditioneller Sicht das Streikrecht ebenso wie die Tarifautonomie wegen der hergebrachten Grundsätze des Berufsbeamtentums (Art. 33 Abs. 5 GG) verwehrt; sinngemäß gilt dies auch für Richter und Soldaten.

243   Die Koalitionsfreiheit ist ebenfalls vorbehaltlos gewährt und daher nur über **verfassungsimmanente Schranken** einzuschränken. Interessant ist die in Art. 9 Abs. 3 Satz 2 GG angeordnete (zivilrechtliche) Nichtigkeits- bzw. Rechtswidrigkeitserklärung von Abreden und Maßnahmen, die die Koalitionsfreiheit einschränken oder behindern: Hier handelt es sich um den einzigen Fall einer vom Grundgesetz selbst angeordneten unmittelbaren Drittwirkung.

> **Beispiele:** Vereinbarung von Arbeitgeber und Arbeitnehmern, dass in einem Betrieb nur Mitglieder einer Gewerkschaft eingestellt werden; ein Arbeitgeber stellt nur Arbeitnehmer ein, die zuvor aus einer Gewerkschaft ausgetreten sind.

244   Art. 9 Abs. 3 Satz 3 GG schließt als „Schranken-Schranke" Notstandsmaßnahmen gegen Arbeitskämpfe aus.

245   **Fall 23 (BVerfGE 88, 103 ff. – Beamtenstreikeinsatz):** *Die Deutsche Postgewerkschaft führte 1980 einen Arbeitskampf durch, in* *dessen Verlauf 75 Postämter bestreikt wurden. An diesem Streik waren ca. 25000 Arbeitnehmer beteiligt. Der Bundesminister für das Post- und Fernmeldewesen ordnete „zur Minderung zu erwartender Betriebsstörungen" an, beamtete Beschäftigte zur Mehrarbeit heranzuziehen. Vorübergehend sollten diese auch mit sogenannten unterwertigen Aufgaben betraut werden. Für den Fall der Verweigerung einer entsprechenden dienstlichen Weisung wurden disziplinarische Maßnahmen angekündigt. Durchschnittlich waren so 3400 Beamte auf bestreikten Arbeitsplätzen eingesetzt. Die Gewerkschaft erhob Klage gegen die Deutsche Bundespost mit dem Ziel festzustellen, dass der Einsatz von Beamten auf Arbeitsplätzen streikender Arbeitnehmer gegen ihr Koalitionsrecht aus Art. 9 Abs. 3 GG verstoße. Das Bundesarbeitsgericht wies die Revision zurück, hiergegen legte die Postgewerkschaft Verfassungsbeschwerde zum BVerfG ein.*

Lösung: Das BVerfG hat eine Verletzung der Postgewerkschaft in ihrer Koalitionsfreiheit aus Art. 9 Abs. 3 GG bejaht. Der Einsatz von Beamten auf bestreikten Arbeitsplätzen sei schon deshalb verfassungswidrig, weil hierfür eine gesetzliche Regelung zwingend erforderlich sei. Die allgemeinen Rechtsgrundlagen des Arbeitskampfrechts stellten keine gesetzliche Regelung in diesem Sinn dar. Die vom Bundesarbeitsgericht aus dem Verhältnismäßigkeitsprinzip entwickelten Grundsätze zur Parität der Tarifvertragsparteien führten zu einer inhaltlichen Beurteilung der eingesetzten Kampfmittel unter dem Gesichtspunkt der Parität und dem Kriterium einer Beschränkung übermäßigen Kampfmitteleinsatzes. Hier gehe es jedoch um die Frage, ob und wieweit sich der Staat überhaupt eines besonderen Mittels bedienen dürfe, das ihm allein wegen seiner hoheitlichen Befugnisse zu Gebote stehe.

L. Brief-, Post- und Fernmeldegeheimnis – Art. 10 GG

Art. 10 GG schützt die **Vertraulichkeit der individuellen Kommu-** **246** **nikation**. Konkret benannt werden die Schutzgüter Brief-, Post- und Fernmeldegeheimnis. Sinnvollerweise ist ein einheitlicher Schutzbereich anzunehmen, der tiefere Gehalt einer Schutzbereichsdifferenzierung ist nicht ersichtlich. Das **Briefgeheimnis** erfasst Sendungen individuellen Kommunikationsinhalts, die üblicherweise verschlossen sind, aber nach überwiegender Auffassung nicht verschlossen sein müssen.

Beispiele: Brief, Päckchen, Paket; auch: Postkarte, Telegramm.

247   Das **Postgeheimnis** betraf früher zielgerichtet die gesamte gegen-
ständliche (postalische) Kommunikation über die Deutsche Bundespost.

> **Beispiele:** zusätzlich zu „Briefen": Infopost, offene Broschüren etc.

248   Seit ihrer Privatisierung ist davon auszugehen, dass sich der Schutzbereich nicht nur auf das hierfür einschlägige Nachfolgeunternehmen
Deutsche Post AG, sondern auch auf andere Postdienstleister erstreckt.

249   Unter das **Fernmeldegeheimnis** fallen sämtliche individuellen Te-
lekommunikationsformen.

> **Beispiele:** E-Mail, SMS; nicht: Mobiltelefonortung (vgl. § 100 i StPO), da
> diese nicht auf dem Kommunikationsvorgang beruht.

250   Geschützt sind alle an der Kommunikation beteiligten Personen;
dies können auch juristische Personen sein. Strittig ist, ob die die
Kommunikation befördernden Unternehmen in den Schutzbereich,
fallen. Dies erscheint nicht notwendig, da sie an der Kommunikation
inhaltlich nicht beteiligt sind und ihr Schutz durch andere Grundrechte
näherliegt.

251   Der ursprünglich in erster Linie **Grundrechtsverpflichtete**, die
Deutsche Bundespost, kann als solcher mit seiner Aufspaltung und
Privatisierung nicht mehr in Anspruch genommen werden, zumal sich
die Aktienmehrheit von Deutscher Post AG und Deutscher Telekom
AG mittlerweile in Streubesitz befindet. Daher richtet sich der Schutz
gegen sonstige staatliche Stellen und im Rahmen der mittelbaren
Drittwirkung auch gegen private Unternehmen. Gegenüber dem Gesetzgeber bewirkt Art. 10 GG eine Schutzpflicht zur einfachgesetzlichen Verwirklichung des Schutzinhalts.

252   Art. 10 Abs. 2 Satz 1 GG enthält einen **einfachen Gesetzesvorbehalt** für Eingriffe.

> **Beispiele:** § 100 a und b StPO; als nicht ausreichend wird die polizeiliche
> Generalklausel angesehen.

253   Falls inhaltlich vergleichbar, liegt es nahe, die zur Rechtfertigung
von Eingriffen in das allgemeine Persönlichkeitsrecht entwickelten
Verhältnismäßigkeitserwägungen auch für Eingriffe in Art. 10 GG
heranzuziehen.

254   Einen noch **weitergehenden Gesetzesvorbehalt** sieht Art. 10
Abs. 2 Satz 2 GG vor. Für eine Beschränkung, die dem Schutz der
freiheitlich-demokratischen Grundordnung oder des Bestandes oder
der Sicherung des Bundes oder eines Landes dient, kann das eingreifende Gesetz bestimmen, dass die Beschränkung dem Betroffenen
nicht mitgeteilt wird und kein Rechtsweg eröffnet wird, sondern statt

dessen eine Nachprüfung durch von der Volksvertretung bestellte Organe oder Hilfsorgane stattfindet. Diese im Zuge der Notstandsgesetzgebung in das Grundgesetz eingefügte Schranke ermöglicht geheime Eingriffe durch die Verfassungsschutzbehörden des Bundes und der Länder, den Militärischen Abschirmdienst und den Bundesnachrichtendienst.

Beispiel: G 10 (Gesetz zur Beschränkung des Brief-, Post- und Fernmeldegeheimnisses).

M. Recht auf Freizügigkeit – Art. 11 GG

Art. 11 GG schützt für Deutsche das Recht, sich an jedem Ort inner- **255** halb des Bundesgebiets aufzuhalten oder seinen Wohnsitz zu nehmen. Hierunter fallen auch die Einreise und Einwanderung. Das Recht auf Ausreise wird traditionell nicht als von Art. 11 GG, sondern von Art. 2 Abs. 1 GG erfasst angesehen. Geschützt ist außerdem die negative Freizügigkeit.

Abs. 2 enthält einen qualifizierten Gesetzesvorbehalt. Danach sind **256** Eingriffe zu rechtfertigen, wenn sie bestimmten Zwecken dienen: Erstens wenn eine ausreichende Lebensgrundlage nicht vorhanden ist und der Allgemeinheit daraus besondere Lasten entstehen würden, zweitens wenn der Eingriff erforderlich ist zur Abwehr einer drohenden Gefahr für den Bestand oder die freiheitliche demokratische Grundordnung des Bundes oder eines Landes, drittens zur Bekämpfung von Seuchengefahr, Naturkatastrophen oder besonders schweren Unglücksfällen, viertens zum Schutz der Jugend vor Verwahrlosung oder fünftens erforderlich ist, um strafbaren Handlungen vorzubeugen. Daneben kommen verfassungsimmanente Schranken in Betracht.

Beispiele: Zuweisung einer Unterkunft für Spätaussiedler; polizeirechtlicher Platzverweis.

Ein weiterer Vorbehalt findet sich in Art. 17 a Abs. 2 GG. **257**

N. Berufsfreiheit – Art. 12 GG

Die unbefangene Lektüre von Art. 12 Abs. 1 GG legt den Eindruck **258** nahe, dass es sich um mehrere Grundrechte handelt. Das BVerfG versteht Art. 12 Abs. 1 GG jedoch seit seinem Apothekenurteil (BVerfGE 7, 377 ff.) aus dem Jahr 1955 sinnvollerweise als **einheitliches Grundrecht der Berufsfreiheit**.

I. Schutzbereich

259 Der Schutz der Berufsfreiheit in Art. 12 GG ist – ebenso wie der Schutz des Eigentums – Ausdruck einer im Grundsatz marktwirtschaftlichen und damit wirtschaftsliberalen Grundkonzeption des Grundgesetzes. Diese Grundkonzeption ist in verschiedener Hinsicht sozialstaatlich flankiert, so dass man durchaus davon sprechen kann, dass die Wirtschaftsverfassung des Grundgesetzes die **verfassungsrechtliche Grundlage der sozialen Marktwirtschaft** im Sinne der Freiburger Schule darstellt. Die vom BVerfG zuweilen vertretene Auffassung, das Grundgesetz sei wirtschaftspolitisch neutral (BVerfGE 4, 7, 17; 50, 290, 336), kann daher nicht überzeugen.

260 **Beruf** ist jede Tätigkeit von einer gewissen Dauerhaftigkeit, die der Schaffung und Erhaltung einer Lebensgrundlage dient oder dazu beiträgt. Freizeitbetätigungen, Ehrenämter oder Gelegenheitsjobs werden also nicht geschützt, hingegen durchaus Zweitberufe oder Nebentätigkeiten. Der Berufsbegriff in Art. 12 Abs. 1 GG ist nicht statisch zu verstehen: Nicht nur klassische Berufsbilder, sondern auch atypische und neue Tätigkeiten werden geschützt; das Grundgesetz ist offen für Weiterentwicklungen der Berufswelt und schützt somit gleichsam das **„Berufserfindungsrecht".** Zugleich ist die **negative Berufsfreiheit** geschützt, also das Recht, keinen Beruf zu ergreifen.

261 Problematisch ist das oftmals kolportierte Merkmal, der Beruf müsse auch **erlaubt sein,** dürfe also nicht von der Rechtsordnung verboten sein. Dieses Kriterium ist abzulehnen, da es die Prüfung einer Tätigkeit am Maßstab der Berufsfreiheit abschneidet und in wenig transparenter Weise ein mögliches Ergebnis bereits in den Schutzbereich zu integrieren versucht.

Beispiele: Prostitution, „Abtreibungsarzt".

262 Das sollte sogar gelten, wenn das BVerfG Tätigkeiten aufgrund ihrer offensichtlichen Sozial- und Gemeinschaftsschädlichkeit von vornherein nicht am Schutz des Grundrechts teilhaben lässt.

Beispiel: „Zuhälter".

263 Als weitere Modalitäten geschützt sind die **freie Wahl des Arbeitsplatzes und der Ausbildungsstätte.** Letztere ist jede Einrichtung, die jenseits der allgemeinen Schulausbildung eine Ausbildung für einen Beruf vermittelt.

Beispiele: Hochschule, staatlicher Vorbereitungsdienst, Berufsschule.

264 Geschützt wird hier hierbei nur der Zugang zu den vorhandenen Kapazitäten, ein Anspruch auf die Schaffung neuer Kapazitäten besteht nicht.

Nach Art. 12 Abs. 1 GG erstreckt sich der Schutzbereich nur auf **265**
Deutsche (mit europarechtlicher Erweiterung), Ausländer werden in
vergleichbarer Weise durch die allgemeine Handlungsfreiheit des
Art. 2 Abs. 1 GG erfasst. Ebenso sind gemäß Art. 19 Abs. 3 GG juristische Personen des Privatrechts geschützt.

Art. 12 Abs. 1 GG tritt gegenüber spezielleren berufsbezogenen **266**
Grundrechten wie z. B. der Kunst- oder Wissenschaftsfreiheit zurück.
Im Verhältnis zu Art. 14 schützt Art. 12 Abs. 1 GG den Erwerb,
Art. 14 GG das Erworbene. Für den öffentlichen Dienst wird Art. 12
Abs. 1 GG durch Art. 33 GG modifiziert.

II. Eingriffe und „Dreistufenlehre"

1. Eingriff und Rechtfertigung

Eingriffe müssen nach der Rechtsprechung des BVerfG eine subjek- **267**
tiv oder objektiv **„berufsregelnde Tendenz"** aufweisen. Wie in der
Grundrechtsdogmatik zum Eingriff im allgemeinen sollte aber ein
faktischer Grundrechtseingriff ausreichen, daher ist im Zweifelsfall ein
Eingriff in die Berufsfreiheit anzunehmen.

Für alle Arten von Eingriffen geht das BVerfG von einem **einfa- 268
chen Gesetzesvorbehalt** aus. Dabei hat es herausgestellt, dass die
polizeirechtliche Generalklausel nicht als Rechtfertigung für das Verbot neuer Berufsformen ausreicht, sondern gewerberechtliche Regelungen notwendig sind. Dasselbe gilt, insbesondere im Standesrecht
der freien Berufe, für Regelungen durch Satzungsrecht oder gar Gewohnheitsrecht.

2. „Dreistufenlehre"

Der zweite wichtige Aspekt im Apothekenurteil des BVerfG ist die **269**
Unterscheidung unterschiedlicher Eingriffsstufen ansteigender Intensität. Diese Konzeption wird oftmals als **„Dreistufenlehre"** oder sogar
„Dreistufentheorie" bezeichnet, ist letztlich aber nichts anderes als eine
Art Vorsortierung von Eingriffsintensitäten, die bereits einen Hinweis
auf die erforderliche Qualität des Gegenrechts gibt; mit diesem erfolgt
dann im Rahmen der – wie auch sonst notwendigen – Verhältnismäßigkeitsprüfung auf der Ebene der Verhältnismäßigkeit im engeren
Sinne die Abwägung. Insofern darf die „Dreistufenlehre" nicht über-
bewertet werden, da die Verhältnismäßigkeitsprüfung auch für Art. 12
Abs. 1 GG nach wie vor entscheidend bleibt; hinsichtlich dieser, genauer: hinsichtlich der Prüfung der Verhältnismäßigkeit im engeren

Sinne, unternimmt die „Dreistufenlehre" nur den Versuch einer **„Ab-wägungsabstrahierung"**.

270   Das BVerfG unterscheidet folgende drei Stufen aufsteigender Ein-griffsintensität:

271   **Schema 4: „Dreistufenlehre"**

1. Stufe: Berufsausübungsregelung

2. Stufe: Subjektive Berufswahlregelung

3. Stufe: Objektive Berufswahlregelung

a) 1. Stufe: Berufsausübungsregelungen

272   Berufsausübungsregelungen betreffen die Art und Weise der beruf-lichen Tätigkeit, also das **„Wie"** des Berufs. Dies stellt die Stufe der (theoretisch) geringsten Eingriffsintensität dar.

Beispiele: Regelungen im Gaststättenrecht, Wettbewerbsregelungen etc.

273   Gelegentlich ist eine exakte Abgrenzung zur objektiven Berufswahl-regelung nur schwer möglich, aber auch nicht zwingend notwendig, da es letztlich auf die konkrete Abwägung ankommt.

Beispiel: Zulassung als Kassenarzt – nach BVerfG (E 11, 30) zwar Be-rufsausübungsregelung, die aber einer Berufszulassungsschranke nahe komme.

274   Berufsausübungsregelungen können durch **vernünftige Erwägun-gen des Gemeinwohls** gerechtfertigt sein; dies bedeutet praktisch eine weitgehende Gestaltungsfreiheit des Gesetzgebers.

b) 2. Stufe: Subjektive Berufswahlregelungen

275   Die Berufswahlregelungen betreffen nicht das „Wie", sondern das **„Ob"** des Berufs. In subjektiver Hinsicht sind damit Regelungen gemeint, die den Zugang zu einem Beruf betreffen und in der Person selbst liegen, also von ihr selbst zu beeinflussen sind.

Beispiele: Qualifikationen wie Staatsexamen, Laufbahnprüfung, Approbation etc., körperliche Leistungsfähigkeit.

276   Ebenso sind hiervon Regelungen erfasst, die das Ende der Zulas-sung zu einem Beruf bewirken oder eine Altersgrenze statuieren.

Beispiel: Unzuverlässigkeit eines Gewerbetreibenden nach § 35 GewO.

277   Subjektive Berufswahlregelungen sind nicht durch jedes Gemein-wohlziel gerechtfertigt, sondern nur zum **Schutz wichtiger oder besonders wichtiger Gemeinwohlgüter**.

c) 3. Stufe: Objektive Berufswahlregelungen

Eine objektive Berufswahlregelung und damit die Stufe der höchs-   **278**
ten Eingriffsintensität ist gegeben, wenn der Zugang zu einem Beruf
von Voraussetzungen abhängig gemacht wird, auf die der Betroffene
keinen Einfluss hat.

Beispiele: Bedarfsregelungen, Regelungen zum Schutz vor Konkurrenz, Monopolregelungen.

Objektive Berufswahlregelungen sind nur durch den **Schutz über-**   **279**
ragend wichtiger Gemeinschaftsgüter gerechtfertigt.

Beispiele: „Volksgesundheit", Versorgungssicherheit mit wichtigen Gütern.

Daneben sind mittelbare und faktische Eingriffe in die Berufsfrei-   **280**
heit denkbar. Als wichtige Anwendungsfälle kommen hier die Begünstigung direkter Konkurrenten durch Subventionen oder Marktregulie-
rungen sowie die unmittelbare Wirtschaftstätigkeit öffentlicher Körperschaften in Betracht.

Fall 24 (BVerfGE 7, 377 ff. – Apothekenurteil): *Ein approbierter*   **281**
Apotheker beantragte 1956 bei der Regierung von Oberbayern, ihm
die Betriebserlaubnis zur Eröffnung einer Apotheke in Traunreut zu
erteilen. Nach dem damaligen bayerischen Apothekengesetz durfte
die Betriebserlaubnis für eine neu zu errichtende Apotheke nur er-
teilt werden, wenn die Errichtung der Apotheke zur Sicherung der
Versorgung der Bevölkerung mit Arzneimitteln im öffentlichen Inte-
resse liegt und anzunehmen ist, dass ihre wirtschaftliche Grundlage
gesichert ist und durch sie die wirtschaftliche Grundlage der be-
nachbarten Apotheken nicht soweit beeinträchtigt wird, dass die
Voraussetzungen für den ordnungsgemäßen Apothekenbetrieb nicht
mehr gewährleistet sind. Der Antrag wurde abgelehnt, da die vor-
handene Apotheke in Traunreut für die Versorgung der dortigen
Bevölkerung vollkommen genüge. Wirtschaftlich schlecht fundierte
Apotheken seien erfahrungsgemäß leichter geneigt, Arzneimittel
ohne ärztliche Verschreibung abzugeben und bei der Abgabe von
Opiaten eine gesetzlich unzulässige Großzügigkeit walten zu lassen.
Nach erfolglosem Beschreiten des Rechtswegs legte der Apotheker
Verfassungsbeschwerde zum BVerfG ein.

Lösung: Der im Bayerischen Apothekengesetz verfolgte o. a.
Zweck stellt für das BVerfG eine objektive Berufswahlregelung
dar, die, da sie nicht verhältnismäßig ist, nicht gerechtfertigt werden
kann. Daher wurde der ablehnende Bescheid aufgehoben und die
entsprechende Norm des Apothekengesetzes für nichtig erklärt.

d) Prüfung der „Dreistufenlehre"

282   Für die Fallprüfung bietet es sich an, im Rahmen des Eingriffs ohne
weitere Ausführungen anzusprechen, auf welcher Stufe nach der
„Dreistufenlehre" der Eingriff stattfindet. Anschließend kann die
Rechtfertigungsformel der gewählten Stufe in die Prüfung der Verhältnismäßigkeit im engeren Sinn einbezogen werden.

III. Arbeitszwang und Zwangsarbeit

283   Der in Art. 12 Abs. 2 GG grundsätzlich verbotene Arbeitszwang als
hoheitliche Anordnung einer bestimmten Arbeit kann in Form einer
allgemeinen Dienstleistungspflicht gerechtfertigt sein. Diese bedarf der
Anordnung durch ein formelles Gesetz.

   Beispiele: Reinigungspflicht für Straßenanlieger, Feuerwehrpflicht.

284   Zwangsarbeit im Sinne von Art. 12 Abs. 3 GG ist der erzwungene
Einsatz der gesamten Arbeitskraft des Betroffenen und nur bei einer
gerichtlich angeordnete Freiheitsentziehung nach § 41 Abs. 1 StVollzG
oder als Erziehungsmaßregel gemäß § 10 Abs. 1 Satz 3 Nr. 4 JGG bei
Jugendstraftaten zulässig. Auch die in § 56 b Abs. 2 Nr. 3 StGB vorgesehene Bewährungsauflage, gemeinnützige Leistungen zu erbringen,
wird von der Erlaubnis als abgedeckt angesehen.

O. Unverletzlichkeit der Wohnung – Art. 13 GG

285   Art. 13 GG schützt die Unverletzlichkeit der Wohnung und damit
die räumliche Privatsphäre als Teil des allgemeinen Persönlichkeitsrechts. Unter einer Wohnung sind nicht nur **private Räumlichkeiten**,
die der allgemeinen Zugänglichkeit durch räumliche Vorrichtungen
entzogen sind, zu verstehen, sondern nach herrschender Auffassung
auch **Arbeits-, Betriebs- und Geschäftsräume**.

   Beispiele: Hotelzimmer, Garage, Keller, Wohnwagen, Yacht, Zelt; nicht:
Zelle in Justizvollzugsanstalt.

286   Alle staatlichen Beeinträchtigungen der Privatheit der Wohnung stellen einen Eingriff in die Unverletzlichkeit der Wohnung dar, also nicht nur
das physische Eindringen, sondern beispielsweise auch die akustische
oder optische Überwachung. Eingriffe können bei Erfüllung der Anforderungen der qualifizierten Gesetzesvorbehalte in Abs. 2–7 gerechtfertigt
sein.

287   Art. 13 Abs. 1 GG erlaubt **Durchsuchungen** mit richterlicher Anordnung. Eine Durchsuchung ist das ziel- und zweckgerichtete Suchen

staatlicher Organe nach Personen oder Sachen oder zur Ermittlung eines Sachverhalts, um etwas aufzuspüren, das der Inhaber der Wohnung von sich aus nicht offenlegen oder hergeben möchte. Bei Gefahr im Verzug dürfen auch andere Organe die Anordnung treffen, es muss aber organisatorisch gewährleistet werden, dass dies der Ausnahmefall bleibt. Seit jeher umstritten ist die grundrechtsdogmatische Behandlung von Eingriffen in Betriebs- und Geschäftsräume, deren Zustand als solcher kontrolliert werden soll; als Durchsuchungen werden derartige Eingriffe nicht verstanden, da hierbei keine vom Durchsuchungsobjekt verschiedene Person oder Sache gesucht wird. Für diese Fälle der **„ordnungsbehördlichen Nachschau"** nimmt das BVerfG letztlich einen ungeschriebenen einfachen Gesetzesvorbehalt an und hält derartiges „Nachschauen" für gerechtfertigt, wenn ein verhältnismäßiges Gesetz Betretungen nur in den Zeiten der geschäftlichen oder betrieblichen Nutzung erlaubt (BVerfGE 32, 54 ff.). Der eigentliche Grund hierfür ist, dass letztlich Eingriffe auf Basis einer den Vorbehalten in Art. 13 Abs. 2–7 GG nicht entsprechenden Gesetzeslage gerechtfertigt werden sollen. Dogmatisch konsistenter erscheint hier der Weg über kollidierendes Verfassungsrecht.

Technische Überwachungen können nach den 1998 in das Grundge- **288** setz eingefügten Art. 13 Abs. 3–6 GG gerechtfertigt werden. Akustische Überwachungen bei Strafverfolgungen (**„großer Lauschangriff zur Strafverfolgung"**) sind in Abs. 3 geregelt und müssen immer durch einen mit drei Richtern besetzten Spruchkörper angeordnet werden, bei Gefahr im Verzug reicht auch ein Einzelrichter. Der höchstpersönliche Lebensbereich darf nie abgehört werden, da hier in die Menschenwürde eingegriffen würde; sehr große Schwierigkeiten bereitet aber die Bestimmung der Grenzen dieses Bereichs.

Art. 13 Abs. 4 GG betrifft technische Mittel zur Überwachung im **289** Rahmen der Gefahrenabwehr (**„großer Lauschangriff zur Gefahrenabwehr"**), geht also über die nur akustische Überwachung hinaus. Hier ist nur eine einfache richterliche Anordnung notwendig, bei Gefahr im Verzug die Anordnung einer anderen Stelle. Die Grenze des höchstpersönlichen Lebensbereichs gilt hier in vergleichbarer Weise.

Nach Art. 13 Abs. 5 GG kann der Einsatz technischer Mittel ge- **290** rechtfertigt werden, die ausschließlich zum **Schutz der bei einem Einsatz in Wohnungen tätigen Personen** vorgesehen sind (**„kleiner Lauschangriff"**). Hierzu bedarf es keiner richterlichen Anordnung, sollen die Erkenntnisse jedoch zur Strafverfolgung oder zur Gefahrenabwehr genutzt werden, ist eine richterliche Überprüfung der Maßnahme erforderlich.

Schließlich enthält Art. 13 Abs. 7 GG einen qualifizierten Gesetzes- **291** vorbehalt mit unterschiedlichen Voraussetzungen: Ein Eingriff kann zum einen zur **Abwehr einer gemeinen Gefahr** oder einer **Lebensge-fahr für einzelne Personen** gerechtfertigt sein: Eine gemeine Gefahr meint dabei eine allgemeine Gefahr, also eine solche für eine Vielzahl von Personen oder Sachen; auch hier ist, wenngleich der Wortlaut anderes andeutet, nach der allgemeinen Grundrechtsdogmatik eine gesetzliche Ermächtigungsgrundlage erforderlich. Zum anderen sind Eingriffe auch zur **Verhütung dringender Gefahren für die öffentli-che Sicherheit oder Ordnung** erlaubt, wobei als Beispiele die Behe-bung der Raumnot, die Bekämpfung der Seuchengefahr und der Schutz gefährdeter Jugendlicher genannt werden. Ein weiterer Gesetzesvorbe-halt findet sich Art. 17 a Abs. 2 GG.

P. Schutz des Eigentums – Art. 14 GG

I. Schutzbereich

292   Der Schutzbereich des Art. 14 GG weist insofern eine Besonderheit gegenüber anderen Grundrechten auf, als der „Inhalt ... durch die Gesetze bestimmt" wird. Dies führt zu der verbreiteten Formulierung, der Begriff des Eigentums sei **„normgeprägt".** Diese Einschätzung ist aus grundrechtsdogmatischer Sicht problematisch, denn wenn der Gesetzgeber bereits den Schutzbereich eines Grundrechts festlegen kann, bleibt zum einen die Frage, wozu er außerdem noch Schranken festlegen darf, und zum anderen, worin dann überhaupt der grundrecht-liche Schutz des Eigentums bestehen soll. Daher ist es überzeugender, für den Schutzbereich auch hier einen unabhängig von gesetzlichen Gewährleistungen existierenden **verfassungsrechtlichen Begriff des Eigentums** anzunehmen – der sich inhaltlich auf normgeprägte Vor-stellungen stützen muss, mit Norminhalten aber nicht identisch ist. Garantiert ist in jedem Fall das Eigentum als Institut.

293   Allgemein betrachtet zeichnet sich das Eigentum dadurch aus, dass es sich um einen durch eigene Leistung erworbenen Vermögenswert handelt, der in der alleinigen Verfügungsmacht seines Trägers steht und im Rechtsverkehr als Eigentum anerkannt ist. Geschützt ist nicht nur das Eigentum als solches, sondern auch seine Nutzung.

> **Beispiele:** Grundeigentum, Wohnungseigentum, dingliche Rechte an einem Grundstück, Eigentum an beweglichen Sachen, private Vermögensrechte wie z. B. Anteilseigentum, geistiges Eigentum (Urheberrecht, Patentrecht, Marken, Warenzeichen).

294   Im Schuldrecht ist daneben das „Recht am eingerichteten und aus-geübten Gewerbebetrieb" deliktsrechtlich geschützt; dies hat das BVerfG bisher nicht explizit übernommen, dennoch erscheint es auch für das Verfassungsrecht sinnvoll, das Unternehmen als solches in den Schutzbereich fallen zu lassen, wenngleich dessen einzelne Bestandteile durchaus von Art. 14 GG erfasst werden. Auch Versicherungsansprüche, die auf eigener Leistung beruhen und nicht reine Risikoversicherungen darstellen, sind als Eigentum anzusehen.

Beispiele – private Versicherungen: Kapitallebensversicherungen, Altersrückstellungen privater Krankenversicherungen; – öffentliche Versicherungen: Rentenversicherung; – problematisch: Arbeitslosenversicherung.

Nichts als Eigentum sind Erwerbschancen anzusehen; unerheblich für **295** die Qualität als Eigentum ist sein Zweck. Vom Schutzbereich des Art. 14 GG ebenfalls nicht erfasst werden rein schuldrechtliche Ansprüche und rein wirtschaftliche und geschäftliche Gewinnerwartungen.

Beispiele: Ansprüche aus Kauf-, Pacht- oder Mietverträgen (vgl. zur Wohnungsmiete aber BVerfGE 89, 1 ff.); Gefährdung der wirtschaftlichen Existenz einer jahrzehntelang existieren Fährverbindung durch den Bau einer Brücke.

Geschützt werden durch das Eigentumsgrundrecht natürliche und **296** inländische juristische Personen des Privatrechts (mit europarechtlichen Weiterungen), nicht jedoch juristische Personen des öffentlichen Rechts, obwohl beispielsweise gerade Gemeinden oder sonstige Körperschaften und Anstalten durch Eigentumsentzug betroffen sein können („Schutz des Eigentums Privater, nicht des Privateigentums"; vgl. BVerfGE 61, 82, 100 – Sasbach).

II. Eingriff

Als Eingriff in das Eigentum lassen sich zwei unterschiedliche Fall- **297** gestaltungen unterscheiden: zum einen die Enteignung, zum anderen die Inhalts- und Schrankenbestimmung (**„Eingriffsdichotomie"**). Daher ist bei einer Prüfung des Art. 14 GG für den Eingriff zu entscheiden, um welche der beiden Möglichkeiten es sich handelt.

Enteignung ist die vollständige oder teilweise gezielte Entziehung **298** des Eigentums. Die Enteignung kann durch die Verwaltung (Administrativenteignung) oder durch den Gesetzgeber selbst (Legalenteignung) erfolgen. Die Belastung mit einem dinglichen Recht steht der Enteignung gleich. Eine neuere Auffassung sieht eine Enteignung dann als gegeben an, wenn sie einer Güterbeschaffung dient.

Angesichts der vorstehenden Definition, die als Element gerade die **299** „gezielte Entziehung" enthält, gestaltet sich die Erfassung mittelbarer und faktischer Eingriffe problematisch.

Beispiel: Planfeststellungsbeschluss für eine ICE-Trasse macht ein unmittelbar angrenzendes Baugrundstück wertlos.

300   Nachdem die zivilrechtliche Rechtsprechung lange Zeit mit staats-
haftungsrechtlichen Figuren wie dem „enteignenden" und dem „ent-
eignungsgleichen" Eingriff operiert hatte, hat das BVerfG in seiner
„**Nassauskiesungsentscheidung**" (BVerfGE 58, 300) klargestellt, dass
Enteignung im Sinne von Art. 14 GG nur die auf gesetzlicher Grundlage erfolgende Entziehung des Eigentums ist. Existiert eine gesetzliche
Grundlage nicht oder fehlt eine gesetzliche Entschädigungsregelung,
ist sie nach Art. 14 Abs. 3 GG verfassungswidrig. Alle sonstigen
Beeinträchtigungen, also auch faktisch enteignende Eingriffe, stellen
eine Inhalts- und Schrankenbestimmung dar. Derartige Eingriffe können unverhältnismäßig (und damit verfassungswidrig) sein – insbesondere wenn im Gesetz eine Entschädigungsregelung fehlt –, doch muss
hiergegen vor den Verwaltungsgerichten vorgegangen werden; in
jedem Fall kann angesichts eines solchen Eingriffs keine Entschädigung verlangt werden, wenn sie nicht gesetzlich angeordnet ist. Den
Zivilgerichten kommt daher nur die Entschädigungsfestsetzung im
Rahmen von Art. 14 Abs. 3 GG zu, über Inhalt und Schranken sowie
über mögliche Entschädigungsansprüche soll der Gesetzgeber selbst
entscheiden. Unverständlicherweise stellt der BGH diese klare und
konsistente Dogmatik in neuerer Zeit wieder in Frage (vgl. BGHZ 111,
349; 129, 124, 134).

301   Somit sind alle Eingriffe, die nicht Enteignung sind, als **Inhalts-
und Schrankenbestimmung** zu verstehen, also als generelle und
abstrakte Festlegung von Rechten und Pflichten durch den Gesetzgeber
hinsichtlich solcher Rechtsgüter, die als Eigentum zu verstehen sind.
Hier ist der Eigentümer zwar Beeinträchtigungen durch den Gesetzgeber ausgesetzt, doch bleibt er in der Eigentümerposition.

> **Beispiele:** paritätische Mitbestimmung im Unternehmen, Kurzberichterstat-
> tung im öffentlichen Fernsehen, Auflagen bei städtebaulicher Sanierung oder für
> den Denkmalschutz.

302   Inkonsequent erscheinen dabei Entscheidungen, in denen das
BVerfG klare Entziehungen des Eigentums als Inhaltsbestimmung
angesehen hat (was aber bei einem Verständnis der Enteignung als der
staatlichen „**Güterbeschaffung**" dienend verständlich werden kann).

> **Beispiele:** Entziehung von Grundstücken im Rahmen einer Baulandumle-
> gung, Beschlagnahme geschützter Tiere, Abgabe von Pflichtexemplaren für
> öffentliche Bibliotheken.

303   Das gleiche Problem stellt sich für staatliche Abgaben, die ebenfalls
als Inhalts- und Schrankenbestimmung aufgefasst werden.

III. Vergesellschaftung – Art. 15 GG

Eine weitere, in der Praxis bisher bedeutungslose Eingriffsermächti- **304** gung in das Eigentum stellt die Vergesellschaftung nach Art. 15 GG dar. Diese Form der Enteignung unterliegt nicht den Voraussetzungen des Art. 14 Abs. 3 Satz 1 und 2 GG, bedarf aber auch eines formellen Gesetzes, das zudem eine Entschädigungsregelung enthalten muss. Eine solche Vergesellschaftung ist nur für Grund und Boden, Naturschätze und Produktionsmittel zugelassen. Überwiegend wird vertreten, dass die nach Art. 14 Abs. 3 GG zu ermittelnde Entschädigung keine solche zum Verkehrswert sein muss.

IV. Eingriffsrechtfertigung

Eine **Enteignung** darf nur **durch oder aufgrund eines Gesetzes** **305** erfolgen, nach Art. 14 Abs. 3 GG muss das Gesetz zugleich die Höhe der Entschädigung regeln, und einziger legitimer Zweck darf die Verwirklichung des Gemeinwohls durch die Beschaffung des Eigentums als ultima ratio sein.

Beispiele: Infrastrukturprojekte, Einrichtungen der Daseinsvorsorge.

Dabei kann die Enteignung auch zugunsten eines Privaten erfolgen, **306** der öffentliche Aufgaben übernimmt. Angemessene Entschädigung muss nicht immer voller Ersatz des Verkehrswertes bedeuten. Der frühere Eigentümer hat für enteignete Sachen, die nicht mehr benötigt werden, grundsätzlich einen Rückübertragungsanspruch.

Die Berechtigung zu **Inhalts- und Schrankenbestimmungen** ist **307** weitgehend als normaler Gesetzesvorbehalt zu verstehen. Praktisch bedeutsam ist, dass viele Inhaltsbestimmungen zwar auf gesetzlicher Grundlage, aber durch Rechtsverordnung oder Satzung erfolgen.

Beispiele: Bebauungspläne, kommunale Satzungen über Anschluss- und Benutzungszwang.

Im übrigen gilt die übliche Verhältnismäßigkeitsprüfung, wobei **308** schwerwiegende Inhaltsbestimmungen nur dann verhältnismäßig sind, wenn sie für den Betroffenen eine Entschädigung vorsehen (**„ausgleichspflichtige Inhaltsbestimmung"**).

V. Erbrecht

Schließlich schützt Art. 14 Abs. 1 GG das Erbrecht; es handelt sich **309** hierbei um eine Institutsgarantie, d. h. der Gesetzgeber ist verpflichtet, im Erbrecht Regelungen zur Verfügung zu stellen, die dem hergebrachten Bild des Erbrechts entsprechen. Innerhalb dieses groben

Rahmens ist das Erbrecht auch als Individualrecht geschützt, wobei dem Gesetzgeber ein erheblicher Gestaltungsspielraum offen steht.

Q. Schutz vor Ausbürgerung und Auslieferung – Art. 16 GG

I. Ausbürgerung – Art. 16 Abs. 1 GG

310 Art. 16 Abs. 1 GG schützt vor der Entziehung und dem Verlust der der deutschen Staatsangehörigkeit. Geschützt sind damit Inhaber der der deutschen Staatsangehörigkeit. Wichtig, aber umstritten und unklar ist die Abgrenzung von **Entziehung** und **Verlust:** Die Entziehung der Staatsangehörigkeit kann nicht gerechtfertigt werden, der Verlust jedoch auf gesetzlicher Grundlage verfassungsrechtlich gestattet sein, mit der Qualifikation, dass der Betroffene, wenn der Verlust gegen seinen Willen geschieht, dadurch nicht staatenlos werden darf. Unstreitig liegt eine Entziehung vor, wenn die Staatsangehörigkeit aus politischen, religiösen oder ähnlichen Gründen aberkannt würde.

Beispiel: Ausbürgerungen im Dritten Reich oder in der DDR.

311 Sinnvoll erscheint es, zumindest die überkommen Gründe wie die Annahme einer anderen Staatsangehörigkeit als Verlusttatbestände anzuerkennen. Dies kann gegen den Willen des Betroffenen (vgl. § 17 Abs. 1 Nr. 2, 4 und 5 StAG) oder auch mit seinem Willen (vgl. § 17 Abs. 1 Nr. 1, 3 und 6 StAG) geschehen.

312 Problemfälle ergeben sich auch bei **Einbürgerungen:** Der Widerruf einer rechtmäßigen Einbürgerung fällt in den Schutzbereich und stellt einen Verlust dar, die Rücknahme einer rechtswidrigen Einbürgerung, z. B. bei einer arglistigen Täuschung, jedoch nicht und ist deshalb sogar bei hierdurch hervorgerufener Staatenlosigkeit gestattet (vgl. hierzu § 17 Abs. 1 Nr. 7, § 35 StAG).

II. Auslieferung – Art. 16 Abs. 2 GG

313 Art. 16 Abs. 2 GG schützt jeden Deutschen vor der Auslieferung an eine ausländische Hoheitsgewalt. Hierunter fällt auch ein internationaler Gerichtshof. In Satz 2 ist ein qualifizierter Gesetzesvorbehalt für Auslieferungen an einen Mitgliedsstaat der Europäischen Union oder an einen internationalen Gerichtshof vorgesehen; dabei müssen rechtsstaatliche Grundsätze gewahrt werden. Bei einem maßgeblichen Inlandsbezug der vorgeworfenen Straftat fehlt es an der Verhältnismäßigkeit, so dass eine Auslieferung nicht gerechtfertigt wäre.

R. Asylrecht – Art. 16 a GG

Das Asylrecht wurde 1993 mit dem heutigen Art. 16 a GG grundle- **314**
gend neugeregelt. Hieß es bis dahin im damaligen Art. 16 GG nur, dass
politisch Verfolgte Asylrecht genießen, ist diese Grundaussage nun-
mehr in den Absätzen 2 bis 5 mit einer Vielzahl von Einschränkungen
versehen, die das Grundrecht textlich ähnlich ausufern lassen wie
Art. 13 GG.

Verfolgung erfordert Maßnahmen, die den Betroffenen in eine **315**
ausweglose Lage bringen, wobei als relativer Maßstab nicht die Ordnung des Grundgesetzes, sondern die des Heimatstaates angelegt wird.
Vom BVerfG wird als **politisch** verfolgt angesehen, wer wegen seiner
Rasse, Religion, Nationalität, Zugehörigkeit zu einer sozialen Gruppe
oder wegen seiner politischen Überzeugung Verfolgungsmaßnahmen
mit Gefahr für Leib oder Leben oder Beschränkungen seiner persönlichen Freiheit ausgesetzt ist oder solche Verfolgungsmaßnahmen begründet befürchtet; auch Homosexualität wird anerkannt. Die **Verfolgung** muss grundsätzlich **durch staatliche Gewalt** betrieben werden,
bei Aufhebung des staatlichen Gewaltmonopols wird keine politische
Verfolgung angenommen. „Nachfluchtgründe“, also Asylgründe, die
erst nach Verlassen des Heimatstaates entstanden sind, werden grundsätzlich nicht anerkannt; auch muss die Verfolgung konkret die eigene
Person betreffen.

Der Schutzbereich des Abs. 1 ist personell beschränkt, da er nach **316**
Art. 16 Abs. 2 GG nicht für Ausländer gilt, die aus einem Mitgliedstaat
der **Europäischen Union** einreisen. Dasselbe gilt für Personen, die aus
einem anderen **sicheren Drittstaat** einreisen; hierbei handelt es sich
aber um einen Gesetzesvorbehalt: Welche Staaten außerhalb der Europäischen Union sicher sind, wird durch Gesetz festgelegt (vgl.
§ 26 a AsylVfG i. v. m. Anlage I: derzeit Norwegen und die Schweiz).
Bei diesem Personenkreis können aufenthaltsbeendende Maßnahmen
trotz eines hiergegen eingelegten Rechtsbehelfs vollzogen werden.

Desweiteren können durch den Gesetzesvorbehalt in Abs. 3 **sichere** **317**
Herkunftsstaaten durch Gesetz (vgl. § 29 a AsylVfG i. v. m. Anlage II:
derzeit Ghana und Senegal) festgelegt werden. Hier wird widerleglich
vermutet, dass ein Ausländer aus einem solchen Staat nicht politisch
verfolgt wird.

Abs. 4 enthält weitere verfassungsrechtlich verankerte Einschrän- **318**
kungen des Rechtsschutzes gegen den Vollzug aufenthaltsbeendender
Maßnahmen.

S. Petitionsrecht – Art. 17 GG

319 Das in Art. 17 GG verankerte Petitionsrecht hat eine lange zurückreichende Tradition und kann als in die heutige Zeit hinüberreichendes Rechtsschutzinstrument aus staatlichen Systemen verstanden werden, die zu den rechtsstaatlichen (für „Beschwerden") und demokratischen (für „Bitten") Strukturen, wie sie heute in der Bundesrepublik existieren, nicht recht passen. Die hierin zum Ausdruck kommende **Systemfremdheit** tut dem tatsächlichen Gebrauch des Petitionsrechts – zumindest beim Deutschen Bundestag – jedoch keinen Abbruch: Beim Petitionsausschuss des Deutschen Bundestages (vgl. Art. 45 c GG und das Gesetz über die Befugnisse des Petitionsausschusses des Deutschen Bundestages) wurden im Jahr 2011 15191 Petitionen eingereicht (davon 5112 auf elektronischem Weg). Den größten Anteil hatten mit 22 % Eingaben aus dem Bereich Arbeit und Soziales. Im Verhältnis zum Bevölkerungsanteil kamen die meisten Petitionen 2011 aus Berlin und Brandenburg, alle neuen Bundesländer und Berlin liegen traditionell auf den vorderen Plätzen. Mehr als ein Drittel der Petitionen sei im Sinne der Petenten erfolgreich gewesen.

320 Der Schutzbereich umfasst die schriftliche Petition nicht nur an die jeweils zuständigen **Volksvertretungen** jeder Stufe, sondern auch an „**zuständige Stellen**"; hierunter sind insbesondere Verwaltungsbehörden zu verstehen, an die nichtförmliche Rechtsbehelfe gerichtet werden können. Beschwerden dienen der Überprüfung vergangenen Verhaltens, Bitten wollen zukünftiges Verhalten beeinflussen. Dabei muss der Petent nicht, wie bei den meisten gerichtlichen Verfahren, in eigenen Rechten verletzt sein. Sinnvollerweise ist Bestandteil des Petitionsrechts nicht nur der **Anspruch** auf Entgegennahme, sondern auch **auf Prüfung und Bescheidung** der Petition; dies kann allerdings keine Pflicht zu einem neuerlichen „Aufrollen" einer Angelegenheit und schon gar nicht zu einer positiven Erledigung bedeuten. Eine Petition kann auch von Personenmehrheiten erhoben werden, ebenso werden juristische Personen unter den Voraussetzungen von Art. 19 Abs. 3 GG vom personalen Schutzbereich erfasst. Von Art. 17 a GG abgesehen (vgl. hierzu § 1 Abs. 4 WBO für Beschwerden) können Eingriffe in das Petitionsrecht nur durch verfassungsimmanente Schranken gerechtfertigt werden.

T. Rechtsschutzgarantie – Art. 19 Abs. 4 GG

321 Art. 19 Abs. 4 GG schützt das Recht, gegen Rechtsverletzungen durch die öffentliche Gewalt Gerichte anzurufen. Die Regelung ist einerseits selbst ein Grundrecht, andererseits auch ein wesentlicher

Ausdruck des Rechtsstaatsprinzips. Die Rechtsschutzgarantie wird durch die verschiedenen Prozess- und Verfahrensregelungen im einfachen Recht konkretisiert. Unter öffentlicher Gewalt sind grundsätzlich alle drei Gewalten zu verstehen, allerdings werden Ausnahmen angenommen: Die richterliche Tätigkeit im Sinne des Streitentscheidens ist die Erfüllung des grundrechtlichen Schutzes und führt nicht zu einem Anspruch auf Entscheidung durch eine höhere Instanz (was anderenfalls ad infinitum möglich wäre – „**Schutz durch den Richter, nicht gegen den Richter**"); ein bestimmter **Instanzenzug** wird somit **nicht** von Art. 19 Abs. 4 GG **gefordert**, vielmehr ist ein überprüfendes Gericht ausreichend, wenngleich rechtspolitisch und rechtstheoretisch nicht sinnvoll. Justizverwaltungsakte oder isolierte strafprozessuale Maßnahmen von Gerichten sind hingegen überprüfbar. Strittig ist, ob aus Art. 19 Abs. 4 GG auch die verfassungsrechtliche Verankerung des Rechtsschutzes gegenüber Normen der Legislative folgt; das BVerfG lehnt dies aus systematischen Gründen unter Verweis auf die Regelungen des Grundgesetzes zur Überprüfung von Normen ab. Gegenüber Akten der Exekutive wird der Rechtsschutz aber umfassend verstanden, die einzige Ausnahme sind hier Gnadenentscheidungen, die das BVerfG für gerichtlich nicht überprüfbar hält.

Der Anspruch nach Art. 19 Abs. 4 GG wird für das BVerfG nur durch **322** die Gewährung **effektiven Rechtsschutzes** in jeder Hinsicht erfüllt.

Beispiele: Ermöglichung des Gerichtszugangs durch Prozesskostenhilfe; die gerichtliche Entscheidung muss in angemessener Frist erfolgen; gerichtliche Pflicht zur Veröffentlichung wichtiger Entscheidungen, damit der Bürger seine Erfolgsaussichten einschätzen kann.

Die Rechtfertigung von Eingriffen ist nur durch verfassungsimma- **323** nente Schranken möglich; ein Gesetzesvorbehalt findet sich allein in Art. 10 Abs. 2 Satz 2 GG, auf den in Art. 19 Abs. 4 Satz 3 GG ausdrücklich verwiesen wird.

Neben der Rechtsschutzgarantie nach Art. 19 Abs. 4 GG wird aus **324** dem Rechtsstaatsprinzip in Verbindung mit Art. 2 Abs. 1 GG auch ein **allgemeiner Justizgewährleistungsanspruch** abgeleitet, der das grundsätzliche Recht auf Zugang zu den Gerichten und die verbindliche gerichtliche Entscheidung umfasst. Hierunter fällt beispielweise der in Art. 19 Abs. 4 GG nicht enthaltene Zugang zu den Zivil- oder Arbeitsgerichten.

Kapitel 4. Menschenwürde – Art. 1 Abs. 1 GG

A. Grundrechtsdogmatischer Sonderfall

Üblicherweise erscheint die Menschenwürde in Büchern über die **325** Grundrechte an erster Stelle der angesprochenen Grundrechte und nicht erst im Anschluss an die Freiheitsgrundrechte. Dies hat in gewisser Hinsicht seinen guten Grund, da die Beachtung der Menschenwürde – gerade auch in politischer Hinsicht – die **Grundlage allen staatlichen Handelns** sein sollte. Dennoch ist die Menschenwürde in grundrechtsdogmatischer Hinsicht ein Sonderfall: Zum einen ist bereits umstritten, ob sie wirklich wie ein Grundrecht neben allen anderen zu prüfen ist oder nicht vielmehr als eine Norm, die zwar positives Recht darstellt, aber eher als eine Art Grundsatz oder Leitprinzip betrachtet werden sollte; zum anderen ist ihr Prüfungsaufbau, wenn man sie denn als prüffähiges Grundrecht ansieht, anders als der der sonstigen Freiheitsgrundrechte, da Eingriffe in die Menschenwürde nicht gerechtfertigt werden können und daher stets ihre Verletzung bewirken. Schließlich wirft die genaue Bestimmung des Schutzbereichs der Menschenwürde große Schwierigkeiten auf, da dieser Begriff in viel stärkerer Weise ideengeschichtlich geprägt ist als alle anderen Grundrechte.

B. Menschenwürde als Grundrecht?

Eine erste wesentliche Weichenstellung ist also die Beantwortung **326** der Frage, ob der Schutz der Menschenwürde ein Grundrecht darstellt oder als objektiver verfassungsrechtlicher Grundsatz zu verstehen ist. Dies ist in der verfassungsrechtlichen Literatur umstritten, und auch das BVerfG hat sich hierzu bisher nicht explizit geäußert, wohl aber in zahlreichen Entscheidungen aus der Menschenwürdegarantie in gleicher Weise subjektiven Schutz gewährt wie aus Grundrechten. Obwohl sehr zu bezweifeln ist, dass ein Verständnis der Menschenwürde als Grundrecht auch nur in einem der bisher vom BVerfG entschiedenen Fälle mehr Schutz gewährt hat als eine alleinige Heranziehung der sonstigen Grundrechte, wird nach ganz überwiegender Auffassung davon ausgegangen, dass Art. 1 Abs. 1 Satz 1 GG sowohl als **objektives Verfassungsprinzip** als auch als **subjektives Grundrecht** zu verstehen ist.

C. Definition der Menschenwürde

327   Damit steht man vor der Schwierigkeit, den Schutzbereich der Menschenwürde definieren zu müssen. Diese Definition sieht sich, in unvergleichlich stärkerer Weise als bei den sonstigen Grundrechten, dem Problem ausgesetzt, dass sie als übergreifende Norm eines säkularen und neutralen Staates grundsätzlich sehr allgemein sein muss, sich also nicht bestimmten Ideenströmungen verpflichtet fühlen darf, sondern selbst religiöse und weltanschauliche **Neutralität** zu wahren hat.

328   Die zahlreichen **ideengeschichtlichen Theorien** der Menschenwürde können daher nur – zwar unverzichtbare – Hinweise auf den Menschenwürdeschutz des Grundgesetz geben, sie dürfen jedoch nicht verabsolutiert werden, weil sie in das gesamte Aussagegefüge des Grundgesetzes eingepasst werden müssen. Insofern können für das Grundgesetz nicht bestimmte religiöse oder philosophische Anschauungen und ihr Verständnis von Menschenwürde singulär zugrunde gelegt werden.

329   Letztlich erscheint es praktisch unmöglich, die Menschenwürde in vergleichbarer Weise wie die Schutzbereiche anderer Grundrechte zu definieren. Immerhin lassen sich einzelne Aspekte der Menschenwürde herausstellen: So der gleiche Eigenwert des Menschen kraft seiner Persönlichkeit, die Identität und Einzigartigkeit sowie die körperliche und seelische Integrität jedes Menschen, die grundsätzliche Autonomie des Menschen und seine Anerkennung als soziales Wesen. Daneben schützt die Menschenwürde die Wahrung des wirtschaftlichen und sozio-kulturellen Existenzminimums.

330   Wahrscheinlich ist es jedoch sinnvoller zu akzeptieren, dass die Menschenwürde immer dann verletzt erscheint, wenn ein Eingriff vorliegt, der nach unserer Auffassung des Menschseins „gänzlich unerträglich" erscheint. Die mit dieser schlichten Formulierung einhergehende Simplifizierung bedeutet allerdings nicht, dass das, „was nicht geht", nicht mehr begründet werden müsste; vielmehr ist das Gegenteil der Fall, da die Begründung eine intensive Auseinandersetzung mit der zu entscheidenden Problemlage erfordert und kein Verstecken hinter Abstrahierungen gestattet. Zugleich wird auf diese Weise der sinnvolle Ansatz aufgenommen, den Schutzbereich der Menschenwürde immer zugleich mit dem Eingriff zu betrachten („**Zusammenschau von Schutzbereich und Eingriff**").

331   Dies geschieht im Grunde auch bei der auf *Günter Dürig* zurückgehenden, auch vom BVerfG vertretenen „**Objektformel**", nach der der Mensch nicht zum bloßen Objekt staatlicher Willkür gemacht werden darf. Die Grenze für staatliches Handeln liegt hier in der Verneinung des Wertes des Menschen an sich, durch die er zum Objekt reiner Willkür wird.

Fall 25 (BVerfGE 45, 187 ff. – Lebenslange Freiheitsstrafe): 332
Das Landgericht Verden setzte 1976 ein Strafverfahren aus, in dem es den Angeklagten nach dem Ergebnis der bisherigen Hauptverhandlung des Mordes für schuldig hielt. Es legte dem BVerfG gemäß Art. 100 Abs. 1 GG die Frage zur Entscheidung vor, ob § 211 Abs. 1 StGB insoweit verfassungswidrig sei, als er bestimme, dass der Mörder mit lebenslanger Freiheitsstrafe bestraft werde.

Lösung: Auf dem Gebiet der Strafrechtspflege, auf dem höchste Anforderungen an die Gerechtigkeit gestellt würden, bestimmt für das BVerfG Art. 1 Abs. 1 GG die Auffassung vom Wesen der Strafe und das Verhältnis von Schuld und Sühne. Das Gebot der Achtung der Menschenwürde bedeute insbesondere, dass grausame, unmenschliche und erniedrigende Strafen verboten seien. Der Täter dürfe nicht zum bloßen Objekt der Verbrechensbekämpfung unter Verletzung seines verfassungsrechtlich geschützten sozialen wert- und Achtungsanspruchs gemacht werden. Die grundlegenden Voraussetzungen individueller und sozialer Existenz des Menschen müssten erhalten bleiben. Mit einer so verstandenen Menschenwürde wäre es für das BVerfG unvereinbar, wenn der Staat für sich in Anspruch nehmen würde, den Menschen zwangsweise seiner Freiheit zu entkleiden, ohne dass zumindest die Chance für ihn bestehe, je wieder der Freiheit teilhaftig werden zu können. Daher stelle die lebenslange Freiheitsstrafe für Mord keine Verletzung der Menschenwürde dar, wenn dem hierzu Verurteilten grundsätzlich eine Chance verbleibe, wieder in Freiheit zu gelangen. Dabei sei die Möglichkeit der Begnadigung allein nicht ausreichend, vielmehr müssten die Voraussetzungen, unter denen die Vollstreckung einer lebenslangen Freiheitsstrafe ausgesetzt werden kann, und das dabei anzuwendende Verfahren gesetzlich geregelt werden.

D. Eingriff gleich Verletzung

Aus dem Begriff „unantastbar" in Art. 1 Abs. 1 Satz 1 GG wird all- 333
gemein geschlossen, dass ein Eingriff in die Menschenwürde grundsätzlich nicht gerechtfertigt werden kann und somit zugleich ihre Verletzung bedeutet; damit ist der Prüfungsaufbau für die Menschenwürde im Vergleich zu den anderen Freiheitsrechten einzigartig, vor allem findet **keine Verhältnismäßigkeitsprüfung** statt. Zwei Einschränkungen sind allerdings zu machen: Erstens wird überwiegend doch eine Abwägung befürwortet, wenn es sich bei dem Gegenrecht

ebenfalls um die Menschenwürde handelt und der andere in diese eingreift.

Beispiele: Finaler Rettungsschuss eines Polizeibeamten, Abwägungskonstellationen zwischen werdender Mutter und Fötus.

334　　Zum anderen ist zu fragen, ob sich die Lehre von der Unantastbarkeit nicht selbst etwas vormacht: Wahrscheinlich findet die bei den sonstigen Grundrechten übliche Prüfung der Verhältnismäßigkeit hier einfach nur auf kryptische und damit intransparente Weise im Rahmen des Werturteils statt, ob ein Eingriff gegeben ist oder nicht. Auf diese Weise wird der übliche Prüfungsprozess nur vorverlagert und die Wertungsentscheidung mit (scheinbar) größerer Autorität versehen.

E. Schutz der Menschenwürde gegen den Willen des Berechtigten

335　　Problematisch erscheinen weiterhin Fallgestaltungen, in denen die Menschenwürde als Teil der verfassungsmäßigen Ordnung als Argument für polizeirechtliche Verbotsverfügungen herangezogen wird, obwohl alle Beteiligten freiwillig agieren.

Beispiele: „Zwergenweitwurf", „Peep-Show" (BVerwGE 64, 274, 279), „Frauenringkampf im Schlamm" (VGH München BayVBl. 1984, 152), „Laserdrome" (BVerwGE 115, 189), aus neuerer Zeit: „Bordell-Flatrate".

336　　Zu bedenken ist hierbei, dass Selbstbestimmung ebenfalls zur Menschenwürde gehört und es für eine freie Gesellschaft abzulehnen ist, die Menschenwürde zum (polizeilichen oder richterlichen) Vehikel für ansonsten nicht mehr durchsetzbare Moral- oder Geschmacksvorstellungen umzufunktionieren.

F. Unveräußerliche Menschenrechte

337　　Das in Art. 1 Abs. 2 GG enthaltene Bekenntnis zu den unveräußerlichen Menschenrechte enthält keine konkrete rechtliche Aussage – ist insbesondere auch kein Einfallstor für überpositives Recht –, sondern als reine Proklamation zu verstehen.

Kapitel 5. Gleichheitsgrundrechte

A. Verhältnis Gleichheits-/Freiheitsgrundrechte

Die Gleichheitsgrundrechte stehen grundsätzlich selbständig neben **338** den Freiheitsgrundrechten, sie gewähren, wie gesagt wird, parallelen Schutz. Zuweilen ist in der Rechtsprechung des BVerfG auch davon die Rede, dass das Gleichheitsrecht das Freiheitsrecht verstärkt (z. B. BVerfGE 33, 303 – Numerus clausus). Dieser Grundsatz darf allerdings nicht davon ablenken, dass die Prüfung eines Gleichheitsverstoßes nur dort ihren Platz hat, wo **nicht zugleich auch die Verletzung eines Freiheitsgrundrechts** vorliegt. Ist ein Freiheitsgrundrecht nämlich verletzt, könnte der Gleichheitsverstoß auch dadurch ausgeglichen werden, dass die Freiheitsverletzung (theoretisch) auf andere ausgedehnt würde, was bei der Rüge einer Freiheitsverletzung gerade nicht das Ziel ist. Gegenstand eines Gleichheitsverstoßes ist es hingegen, dass ein rechtmäßiger Freiheitseingriff nicht in gleicher Weise für alle erfolgt.

Neben dem **allgemeinen Gleichheitssatz** in Art. 3 Abs. 1 GG exis- **339** tieren noch weitere, sogenannte **besondere Gleichheitssätze:** Art. 3 Abs. 2 und Abs. 3, Art. 33 Abs. 1 und 2 sowie Art. 38 GG. Die besonderen Gleichheitssätze sind gegenüber Art. 3 Abs. 1 GG spezieller und daher – wenn thematisch einschlägig – stets zuerst zu prüfen.

Der Prüfungsaufbau der Gleichheitsrechte ist grundsätzlich von dem **340** der Freiheitsgrundrechte zu unterscheiden, insbesondere die Kategorien „Schutzbereich" und „Eingriff" finden sich nicht.

B. Der allgemeine Gleichheitssatz – Art. 3 Abs. 1 GG

I. Grundrechtsverpflichtete

Art. 3 Abs. 1 GG verpflichtet **alle Träger hoheitlicher Gewalt** und **341** schützt nicht nur, wie die Formulierung „vor dem Gesetz" nahelegt, die Rechtsanwendungsgleichheit; dies ergibt sich in systematischer Sicht aus Art. 1 Abs. 3 GG. Damit ist nach heutigem Verständnis zum einen der Gesetzgeber selbst gemeint („Gleichheit im Gesetz") – bei allen praktischen Schwierigkeiten, die diese Verpflichtung bei einer komplexen und multipolaren Gesetzgebung mit sich bringt –, zum anderen

die Exekutive, für die sich diese Verpflichtung insbesondere bei Er-
messensentscheidungen und Beurteilungsspielräumen manifestiert.
Auch die Judikative unterliegt grundsätzlich der Verpflichtung aus
Art. 3 Abs. 1 GG, allerdings wird sie hier nur bei Willkürentscheidun-
gen oder in Randbereichen der juristischen Methodik relevant.

342   Zu beachten ist, dass innerhalb des Bundesstaats das Gleichheitsgebot nur innerhalb der gleichen Verfassungsgemeinschaft gilt. Daher
existiert auf den Rechtsgebieten, auf denen das Grundgesetz den Ländern Gesetzgebungskompetenzen zuweist, kein Anspruch auf Gleichbehandlung mit einem anderen Bundesland („**keine Gleichheit im
Bundesstaat**"). Ebenso können Selbstverwaltungskörperschaften
innerhalb ihrer Selbstverwaltungskompetenzen eine eigene Verwaltungspraxis entwickeln.

Beispiel: Regelungen des Polizeirechts in Nordrhein-Westfalen können nicht
unter Hinweis auf andere Regelungen in Bayern gerügt werden; verschiedene
Promotionsordnungen unterschiedlicher Universitäten oder Fakultäten.

343   Wenn allerdings Bundesrecht von den Verwaltungen unterschiedlicher Länder ungleich angewendet wird, existiert innerhalb des Verfas-
sungsraumes „Bund" ein Anspruch auf Gleichbehandlung.

II. Prüfung

344   Der erste Schritt bei der Prüfung eines Gleichheitsverstoßes, vergleichbar mit der Formulierung des Schutzbereichs bei Freiheitsgrundrechten, ist die **Bildung einer Vergleichsgruppe**. Hierzu bedarf es der
Formulierung eines Vergleichsmaßstabs, damit deutlich wird, was das
gemeinsame Merkmal einer Vergleichsgruppe darstellt.

Beispiel: Funkmietwagenunternehmer und Taxiunternehmer unterliegen unterschiedlichen Mehrwertsteuersätzen – gemeinsamer Vergleichsmaßstab:
gewerbliche Personenbeförderung in PKW.

345   Innerhalb dieser Vergleichsgruppe müssen die Betroffenen also we-
sensmäßig gleich sein – und folglich grundsätzlich gleich behandelt
werden.

346   Wenn die unterschiedlich behandelten Gruppen einer Vergleichsgruppe angehören, weil beide den Vergleichsmaßstab erfüllen, ist
sodann in einem zweiten Schritt ist zu prüfen, ob eine **Ungleichbehandlung** vorliegt.

347   Schließlich ist in einem dritten Schritt die **verfassungsrechtliche
Rechtfertigung der Ungleichbehandlung** zu prüfen. Auch wenn sich
dies nicht unmittelbar der Formulierung des Art. 3 Abs. 1 GG entnehmen
lässt, bedeutet eine Ungleichbehandlung noch nicht eine Verletzung des

allgemeinen Gleichheitssatzes. Vielmehr ist auch hier zu fragen, ob die Ungleichbehandlung verfassungsrechtlich gerechtfertigt werden kann.

Ursprünglich hatte das BVerfG hierfür die sogenannte **„Willkürfor-** 348 **mel"** entwickelt und als Kriterium untersucht, ob „schlechthin **kein sachlicher Grund"** für die Ungleichbehandlung gegeben ist. Letztlich war die „Willkürformel" jedoch recht undifferenziert, so dass heute davon ausgegangen werden muss, dass die Ungleichbehandlung unter Beachtung des gesetzgeberischen Ermessensspielraums einer **Verhältnismäßigkeitsprüfung** zu unterziehen ist. Das BVerfG sieht also – nach der sogenannten **„neuen Formel"** – den Gleichheitsgrundsatz verletzt, wenn eine Gruppe von Normadressaten im Vergleich zu anderen Normadressaten anders behandelt wird, obwohl zwischen beiden Gruppen keine Unterschiede von solcher Art und solchem Gewicht bestehen, dass sie die ungleiche Behandlung rechtfertigen können. Damit sind vor dem Hintergrund der gesetzgeberischen Zielsetzung (mit Ausnahme der nach Art. 3 Abs. 2 und 3 GG verbotenen Merkmale) die Kriterien Geeignetheit, Erforderlichkeit und Verhältnismäßigkeit im engeren Sinne bei einer Ungleichbehandlung zu prüfen.

Gleichheitsverstöße der der Judikative werden weiterhin am Kriteri- 349 um der Willkür gemessen.

Schließlich folgt aus dem allgemeinen Gleichheitssatz auch ein 350 Gleichbehandlungsgebot, gegen das verstoßen wird, wenn wesentlich Ungleiches gleich behandelt wird. Der Prüfungsaufbau gestaltet sich für diese Variante entsprechend.

Beispiel: Die Amtsbezeichnung „Professor" wird automatisch allen Lehrenden einer Hochschule verliehen.

Fall 26 (BVerfGE 82, 126 ff. – Kündigungsfristen): *Mehrere* 351 *Arbeitsgerichte legten dem BVerfG zwischen 1983 und 1990 die Frage vor, ob § 622 Abs. 2 BGB mit Art. 3 Abs. 1 GG vereinbar ist. In dieser Vorschrift des Bürgerlichen Gesetzbuches wurden die Kündigungsfristen für Arbeiter mit zwei Wochen kürzer als für Angestellte festgesetzt; für letztere bestimmte § 622 Abs. 1 BGB eine Kündigungsfrist von sechs Wochen.*

Lösung: Das BVerfG erklärte § 622 Abs. 2 BGB für nicht vereinbar mit Art. 3 Abs. 1 GG. Auch wenn es an der grundsätzlichen Unterscheidung von Angestellten und Arbeitern festhält, kann es keinen rechtfertigenden Grund für eine Ungleichbehandlung hinsichtlich der Kündigungsfristen erkennen. Daher erklärte es die diskriminierende Bestimmung des § 622 Abs. 2 BGB für unvereinbar mit dem Grundgesetz und setzte dem Gesetzgeber eine Frist zur grundgesetzkonformen Neuregelung.

C. Gleichberechtigung von Männern und Frauen –
Art. 3 Abs. 2 GG

352   Die in den Art. 3 Abs. 2 und 3 GG aufgeführten sogenannten besonderen Gleichheitssätze sind eigentlich nur **besondere Differenzierungsverbote**, da sie die dort aufgeführten Begründungen zur Rechtfertigung einer Ungleichbehandlung ausschließen oder zusätzlich einschränken. Es reicht hier eine **kausale Anknüpfung** für die Verletzung, Finalität ist nicht erforderlich.

353   Art. 3 Abs. 2 Satz 1 GG verbietet es, Ungleichbehandlungen mit Unterschieden zwischen **Mann und Frau** zu rechtfertigen, Satz 2 ist als Staatszielbestimmung zu verstehen und zielt auf die Verwirklichung der Gleichstellung von Männern und Frauen ab. Nachvollziehbar, wenngleich grundrechtsdogmatisch schwer zu begründen, verstoßen gegen den Gleichbehandlungsgrundsatz keine Normen, die auf reale (biologische) Unterschiede zwischen den Geschlechtern abstellen.

> **Beispiel:** Vorschriften zum Gesundheitsschutz der Frau bei Schwangerschaft und nach der Geburt.

354   Eine nachholende Bevorzugung von Frauen unter Verletzung der Gleichheit gegenüber Männern unter Berufung auf Art. 3 Abs. 2 Satz 2 GG wird überwiegend als Gleichheitsverletzung angesehen.

D. Besondere Differenzierungsverbote –
Art. 3 Abs. 3 GG

355   Art. 3 Abs. 3 Satz 1 GG nennt weitere Tatbestände, die nicht als verfassungslegitime Zwecke für die Rechtfertigung von Ungleichbehandlungen herangezogen werden dürfen. „Geschlecht" wiederholt dabei das Diskriminierungsverbot des Art. 3 Abs. 2 Satz 1 GG. Daneben werden Abstammung, Rasse, Sprache, Heimat und Herkunft (nicht: Staatsangehörigkeit), Glauben sowie religiöse und politische Anschauungen aufgezählt.

356   Zuweilen wird die Verwendung des Begriffs **„Rasse"** als problematisch angesehen; angesichts der Intention des Grundgesetzes, dass ein derartiges Kriterium aufgrund seiner Rolle während der Zeit des Nationalsozialismus für staatliches Handeln niemals mehr eine Rolle spielen darf, kommt ihm jedoch eine wichtige Warnfunktion zu und sollte deshalb beibehalten werden.

357   Schließlich ist nach Art. 3 Abs. 3 Satz 2 GG die Benachteiligung wegen einer **Behinderung** verboten, allerdings wird hier allgemein eine Einschränkbarkeit angenommen: Wenn zwingende Gründe dafür vorliegen, dass eine Person aufgrund ihrer Behinderung bestimmte Fähigkeiten nicht hat, die unerlässlich für die Wahrnehmung eines Rechts sind, stellt die Verweigerung dieses Rechts keinen Gleichheitsverstoß dar.

Fall 27 (BVerfGE 96, 288 ff. – Sonderpädagogische Schule): *Ein dreizehnjähriges Mädchen legte 1997 Verfassungsbeschwerde zum BVerfG ein, um die Unterrichtung in einer integrierten Gesamtschule zu erreichen. Sie wurde mit einer Fehlbildung des Rückenmarks geboren, ist an beiden Beinen, Blase und Mastdarm gelähmt und auf einen Rollstuhl angewiesen. Außerdem leidet sie an einer Störung der Koordination von Bewegungsabläufen mit Verlangsamung der Motorik und des Sprechens sowie einer feinmotorischen Beeinträchtigung der Hände, die sich in Stresssituationen verstärkt. Nach der Absolvierung der Regelgrundschule, wohin sie von einem Zivildienstleistenden begleitet wurde, wechselte sie in die 5. Klasse einer integrierten Gesamtschule. Hier kam ein Gutachten zu dem Ergebnis, dass sie in den meisten Unterrichtsfächern nicht zielgleich mit den anderen Schülern unterrichtet werden könne. Daraufhin stellte die Bezirksregierung einen sonderpädagogischen Förderbedarf fest und verfügte die Überweisung an eine Schule für Körperbehinderte, weil die erforderlichen Fördermaßnahmen an der Gesamtschule nicht ermöglicht werden könnten; im Widerspruchsbescheid ordnete sie außerdem die sofortige Vollziehung an. Die Rechtsmittel der Schülerin blieben erfolglos.*

Lösung: Das BVerfG sieht die Schülerin nicht in ihrem Grundrecht aus Art. 3 Abs. 3 Satz 2 GG verletzt. Bei der Ausgestaltung des Regelungskonzepts für den Schulbesuch Behinderter bestünden für den Gesetzgeber ein Einschätzungsspielraum sowie der Vorbehalt des tatsächlich Machbaren und des finanziell Vertretbaren. Er sei auch durch Art. 3 Abs. 3 Satz 2 GG nicht dazu verpflichtet, alle Formen integrativer Beschulung bereitzuhalten. Auch stelle die Überweisung eines behinderten Schülers an eine Sonderschule schon für sich keine verbotene Benachteiligung dar, da der benachteiligende Charakter einer Maßnahme nicht ohne Rücksicht auf eine mit ihr einhergehende spezifische Förderung beurteilt werden könne. Durch Art. 3 Abs. 3 Satz 2 GG sei nur eine Überweisungsverfügung untersagt, die den Gegebenheiten des zu beurteilenden Falles ersichtlich nicht gerecht werde. Dies sei vorliegend aber nicht geschehen.

358

E. Besondere Gleichheitssätze in Art. 33 Abs. 1 bis 3 GG

359   Schließlich enthält Art. 33 Abs. 1 bis 3 GG mehrere besondere Gleichheitssätze, die Diskriminierungen im Hinblick auf staatsbürgerliche Teilhabe verbieten.

360   Art. 33 Abs. 1 GG weist jedem Deutschen in jedem Land der Bundesrepublik die gleichen staatsbürgerlichen Rechte und Pflichten zu und enthält damit als Gegengewicht zum föderalen Prinzip ein **„Grundrecht auf innerföderale Gleichbehandlung"**. Der Gleichbehandlungsanspruch suspendiert allerdings nicht das Recht der Länder zu unterschiedlicher Gesetzgebung im Rahmen der Kompetenzverteilung des Grundgesetzes.

> **Beispiele** für Verstöße: „Landeskinderklauseln" für die Zulassung zum Notariat, Studiengebühren nur für Studenten aus anderen Ländern.

361   Art. 33 Abs. 2 GG garantiert den gleichen Zugang zu öffentlichen Ämtern. Dies umfasst den gesamten **öffentlichen Dienst** des Bundes und der Länder einschließlich aller juristischen Personen des öffentlichen Rechts, unabhängig davon, ob es sich um Beamtenstellen oder solche für Tarifbeschäftigte handelt. Kriterien für die Ungleichbehandlung dürfen nur Eignung, Befähigung und fachliche Leistung sein. Insofern ist Art. 33 Abs. 2 GG ein spezieller Gleichheitssatz, der den in anderen Verfassungsnormen angeführten Diskriminierungsverboten vorgeht.

362   Art. 33 Abs. 3 GG stellt nur einen besonderen Unterfall des Verbots religiöser Diskriminierung nach Art. 3 Abs. 3 GG dar; zudem wird in diesen Fällen regelmäßig auch eine Verletzung von Art. 4 Abs. 1 und 2 GG vorliegen.

F. Rechtsfolge von Gleichheitsverstößen

363   Ein Gesetz, das gegen den allgemeinen Gleichheitssatz verstößt, ist verfassungswidrig; eine entsprechende Maßnahme der Verwaltung ist rechtswidrig. Allerdings bestehen bei gleichheitswidrigen Gesetzen **verschiedene Möglichkeiten:** Entweder kann die Begünstigung auf beide Teile der Vergleichsgruppe ausgedehnt, die Begünstigung beiden Teilen entzogen oder aber für alle eine gänzlich neue Regelung getroffen werden. Das BVerfG begnügt sich daher in der Regel mit der **Feststellung der Verfassungswidrigkeit** und überlässt die Ausgestaltung der Gleichheit − gegebenenfalls unter Festsetzung einer Frist − dem Gesetzgeber, um nicht in dessen Kompetenzbereich einzugreifen. Die Ausdehnung einer Begünstigung kommt nur dann in Betracht, wenn sie sich unmittelbar aus anderen Verfassungsnormen ergibt oder bereits in der Systematik einer gesetzlichen Regelung angelegt ist.

Demgegenüber nimmt die Rechtsprechung bei gleichheitswidrigen **364** Ermessens- oder Beurteilungsentscheidungen der Verwaltung, wenn sich diese durch eine entsprechende Verwaltungspraxis selbst gebunden hat, auch gestaltende Entscheidungen vor, da hier nicht in den Bereich der Gesetzgebung eingegriffen wird. Es besteht allerdings kein Anspruch auf gesetzeswidrige Gleichbehandlung durch die Verwaltung („keine Gleichheit im Unrecht").

G. Prüfungsschema

Schematisch sieht die Prüfung von Art. 3 Abs. 1 GG folgenderma- **365** ßen aus:

Schema 5: Prüfung von Art. 3 Abs. 1 GG   **366**

I. Zugehörigkeit der Normadressaten zu einer **Vergleichsgruppe**

II. **Ungleichbehandlung** der Normadressaten

III. **Verfassungsrechtliche Rechtfertigung** der Ungleichbehandlung

  1. kein Verstoß gegen die Differenzierungsverbote des Art. 3 Abs. 2 und 3 GG (evtl. Ausnahme wegen biologischer Gründe (Mann/Frau) oder zwingender Sachgründe (Behinderung))

  2. Verhältnismäßigkeit

    a) Verfassungslegitimer Zweck der Ungleichbehandlung

    b) Geeignetheit der Ungleichbehandlung

    c) Erforderlichkeit der Ungleichbehandlung

    d) Verhältnismäßigkeit i. e. S. der Ungleichbehandlung

  3. ggf. weitere Aspekte der materiellen Verfassungsmäßigkeit

Kapitel 6. Grundrechtsgleiche Rechte

Die grundrechtsgleichen Rechte werden in Art. 93 Abs. 1 Nr. 4 a **367** GG aufgezählt: Die Verletzung der in den Art. 20 Abs. 4, 33, 38, 101, 103 und 104 enthaltenen Rechte kann ebenso mit der Verfassungsbeschwerde gerügt werden wie die Verletzung von Grundrechten. In dogmatischer Hinsicht bestehen zwischen Grundrechten und grundrechtsgleichen Rechten keine Unterschiede, letztere stehen nur nicht im ersten Kapitel des Grundgesetzes.

Art. 104 wurde bereits im Zusammenhang mit der Freiheit der Per- **368** son in Art. 2 Abs. 2 Satz 2 GG besprochen. Art. 33 und Art. 38 GG fallen thematisch eigentlich in andere Rechtsbereiche: Art. 38 GG wird üblicherweise im Staatsorganisationsrecht behandelt, während Art. 33 GG die verfassungsrechtliche Grundlage des öffentlichen Dienstrechtes bildet. Auch wenn beide Normen grundrechtliche Gewährleistungen enthalten, muss für eine vertiefende Betrachtung auf die einschlägige Literatur zu diesen beiden Themenbereichen verwiesen werden.

In gewisser Hinsicht gilt die Nähe zu anderen Rechtsgebieten auch **369** für die „Justizgrundrechte", die ihre rechtliche Ausformung namentlich im Strafverfahrensrecht erfahren haben, aber selbstverständlich für alle Prozessgebiete von immenser Bedeutung sind und vielfach das BVerfG beschäftigt haben. Auch hier erfordert tiefergehendes Interesse den Blick in die prozessrechtliche Literatur.

Art. 20 Abs. 4 GG betrifft den Fall, dass die Ordnung des Grundge- **370** setzes zumindest partiell nicht mehr in der Lage ist, sich selbst aufrechtzuerhalten; diese schwer fassbare Norm steht daher außerhalb der üblichen Grundrechtsbetrachtung.

A. Beamtenrechte – Art. 33 GG

Art. 33 Abs. 1 bis 3 GG enthält besondere Gleichheitssätze, die be- **371** reits im Rahmen der Gleichheitsgrundrechte besprochen wurden. Art. 33 Abs. 4 GG enthält den „Funktionsvorbehalt" für Beamte bei der Ausübung hoheitlicher Befugnisse und ist daher keine grundrechtsgleiche Verbürgung. Eine solche findet sich aber in Art. 33 Abs. 5 GG mit den **hergebrachten Grundsätzen des Berufsbeamtentums**, die bei der Regelung und Fortentwicklung des Rechts des öffentlichen Dienstes zu berücksichtigen sind. Für das BVerfG kann die

Einhaltung dieser Vorschrift als **grundrechtsgleiches Recht** von jedem Beamten auch mit der Verfassungsbeschwerde eingeklagt werden. Die hergebrachten Grundsätze des Berufsbeamtentums sind der Kernbestand an Strukturprinzipien, die allgemein oder doch ganz überwiegend und während eines längeren, Tradition bildenden Zeitraums, mindestens unter der Reichsverfassung von Weimar, als verbindlich anerkannt und gewahrt worden sind. Hinter den hergebrachten Grundsätzen verbergen sich nicht nur grundrechtsgleiche Rechte wie das Lebenszeitprinzip, der Anspruch auf Ruhegehalt und Versorgung oder der Anspruch auf amtsangemessene Beschäftigung, sondern auch (an dieser Stelle nicht relevante) Pflichten wie beispielsweise die Treue- und Gehorsamspflicht gegenüber dem Dienstherrn. Ein Eingriff in die Verbürgung des Art. 33 Abs. 5 GG liegt vor, wenn die Grundsätze vom Gesetzgeber nicht berücksichtigt wurden; eine Rechtfertigungsmöglichkeit besteht nicht.

B. Wahlrecht – Art. 38 GG

372   Art. 38 Abs. 1 Satz 1 und Abs. 2 GG schützt das aktive und passive Wahlrecht als grundrechtsgleiches Recht. An sich gilt die Verbürgung nur für Wahlen zum Deutschen Bundestag, über das Homogenitätsgebot in Art. 28 Abs. 1 Satz 2 GG hat sie aber auch für Wahlen in den Ländern und auf kommunaler Ebene Bedeutung. Der Schutzbereich schreibt vor, dass die Wahlen allgemein, unmittelbar, frei, gleich und geheim sein müssen. In den personalen Schutzbereich fallen ausschließlich Deutsche ab der Vollendung des 18. Lebensjahres. Eingriffe können allenfalls über kollidierendes Verfassungsrecht gerechtfertigt werden.

Beispiel: Der Eingriff in die Erfolgswertgleichheit durch die Einführung einer 5%-Klausel wird durch Gründe wie die Bildung einer stabilen Regierungsmehrheit oder die Funktionsfähigkeit des Parlaments gerechtfertigt.

C. Garantie des gesetzlichen Richters – Art. 101 Abs. 1 Satz 2 GG

373   Art. 101 Abs. 1 Satz 2 GG garantiert die durch Gesetz **abstrakt-generell** und damit unabhängig vom Einzelfall **festgelegte Zuständigkeit** von Gerichtsbarkeit, Gericht und entscheidungsbefugtem Spruchkörper. Den konkret entscheidenden Spruchkörper oder Richter legen Geschäftsverteilungspläne fest, die ihre rechtliche Grundlage im GVG finden. Änderungen sind nur für die Zukunft und unabhängig vom

Einzelfall gestattet. Richter sind staatliche Richter aller Instanzen. Träger des Rechts sind alle Verfahrensbeteiligten, nicht aber ein betroffener Richter selbst. Eingriffe können nicht gerechtfertigt werden, daher sind Entscheidungen, die nicht durch den gesetzlichen Richter ergangen sind, im Instanzenzug oder spätestens im Verfassungsbeschwerdeverfahren aufzuheben.

Weiterhin sind nach Art. 101 Abs. 1 Satz 1 GG **Ausnahmegerichte** 374 verboten. Hierunter sind Gerichte zu verstehen, die ohne gesetzliche Grundlage gebildet werden oder zur Entscheidung nicht abstrakt-generell bestimmter Fälle berufen sind. Der Inhalt dieses Verbots ergibt sich bereits aus der Garantie des gesetzlichen Richters.

D. Anspruch auf rechtliches Gehör – Art. 103 Abs. 1 GG

Der Anspruch auf rechtliches Gehör richtet sich gegen staatliche 375 Gerichte und geht über die reine Äußerung zu einer Sache in tatsächlicher und rechtlicher Hinsicht vor Gericht hinaus. Das BVerfG versteht ihn als **wechselseitigen Prozess**, zu dem auch die Information durch das Gericht gehört. Schließlich hat das Gericht die Äußerung auch zur Kenntnis zu nehmen und in Erwägung zu ziehen.

Da der Anspruch auf rechtliches Gehör auch einfachgesetzlich ga- 376 rantiert wird, ist in einer Verfassungsbeschwerde die Abgrenzung von einfachem Gesetzesverstoß und spezifischem Verfassungsverstoß schwierig; letzterer liegt gegebenenfalls bei besonders intensiven Verstößen oder grundsätzlicher Verkennung des Rechts vor.

E. Nulla poena sine lege – Art. 103 Abs. 2 GG

Art. 103 Abs. 2 GG stellt eine besondere Fassung des für das öffent- 377 liche Recht ohnehin geltenden Prinzips des Vorbehalts des Gesetzes für das Strafrecht dar. Der Schutz erstreckt sich auch auf das Ordnungswidrigkeiten-, das Disziplinar- und das Standesrecht. Nicht in den Schutzbereich fallen Maßregeln der Besserung und Sicherung nach § 61 ff. StGB und die Sicherungsverwahrung, da sie für das BVerfG präventive Ziele verfolgen. Die Strafbarkeit einer Tat und die Art ihrer Bestrafung müssen in einem **Parlamentsgesetz** festgelegt sein, womit zugleich besondere Anforderungen an dessen **Bestimmtheit** gestellt werden. Das in rechtstheoretischer Hinsicht ohnehin problematische Gewohnheitsrecht und Analogien zu Lasten des Täters sind damit verboten. Daneben folgt aus der Norm ein strenges **Rückwirkungsverbot**. Eingriffe können nicht gerechtfertigt werden.

F. Ne bis in idem – Art. 103 Abs. 3 GG

378   Art. 103 Abs. 3 GG schützt vor der **mehrmaligen Bestrafung wegen derselben Tat**. Tat ist der geschichtliche Vorgang, innerhalb dessen der Angeklagte einen Straftatbestand verwirklicht haben soll. Dies gilt nach ständiger Rechtsprechung des BVerfG nur für Bestrafungen aufgrund von Strafgesetzen und Normen über Ordnungswidrigkeiten, nicht aber für auf eine strafrechtliche Verurteilung folgende Disziplinarmaßnahmen oder standesrechtliche Maßnahmen, da diese eine andere Zweckrichtung verfolgen. Neben der Bestrafung ist auch bereits die Einleitung eines Strafverfahrens verboten. Eingriffe können nicht rechtfertigt werden.

G. Widerstandsrecht – Art. 20 Abs. 4 GG

379   Das Widerstandsrecht, das erst 1968 im Zuge der Notstandsgesetzgebung in das Grundgesetz eingefügt wurde, ist eine problematische Norm: Inhalt und Umfang sind weitgehend ungeklärt, in der Staatspraxis fand es bisher keine Anwendung. Art. 20 Abs. 4 GG kann zudem nur in einer Situation relevant werden, in der die staatliche Ordnung des Grundgesetzes nicht mehr funktioniert, z. B. nach einem Putsch oder der Errichtung einer Diktatur; dann aber ist sie eigentlich sinnlos, denn in einem solchen aus Sicht des Grundgesetzes rechtlosen Raum kann auch das Widerstandsrecht keinen Schutz mehr gewähren. Letztlich wird man Art. 20 Abs. 4 GG als **symbolische Norm** verstehen müssen, die den Schutz der freiheitlich-demokratischen Verfassung zur Sache aller Bürger erklärt.

Kapitel 7. Grundrechtsdurchsetzung

A. Die Verfassungsbeschwerde als entscheidendes Instrument zur Grundrechtsdurchsetzung

Die Prüfung von Grundrechtsverstößen als Teil des materiellen Verfassungsrechts findet in allen Gerichtsverfahren statt: Nach Art. 1 Abs. 3 GG ist **jeder Richter zur Beachtung der Grundrechte verpflichtet** und muss sie bei der Anwendung des einfachen Rechts prüfen und zur Geltung bringen. Auch vor dem Bundesverfassungsgericht haben Grundrechte für verschiedene Verfahrensarten Bedeutung; so können auch Normenkontrollverfahren Grundrechtsprüfungen zum Inhalt haben. Von entscheidender Bedeutung für das Wirken der Grundrechte in der Bundesrepublik Deutschland ist jedoch die **Verfassungsbeschwerde** geworden, die jedem einzelnen Bürger die Möglichkeit eröffnet, eine Grundrechtsverletzung vor dem Bundesverfassungsgericht zu rügen. Das Verfassungsbeschwerdeverfahren hat die Rechtsprechung des BVerfG seit seiner Einführung durch das Bundesverfassungsgerichtsgesetz 1951 (die Absicherung im Grundgesetz erfolgte erst 1969) maßgeblich bestimmt und sein heutiges Ansehen im wesentlichen begründet. Dies liegt vor allem daran, dass erst in den zahlreichen Entscheidungen aufgrund von Verfassungsbeschwerden das Grundrechtsdenken in seiner heutigen Gestalt begründet wurde und so der Primat der Grundrechte gegenüber allen drei Staatsgewalten durchgesetzt werden konnte. **380**

Nach Art. 93 Abs. 1 Nr. 4 a GG kann die Verfassungsbeschwerde jedermann mit der Behauptung erheben, durch die öffentliche Gewalt in einem seiner Grundrechte oder grundrechtsgleichen Rechte verletzt zu sein. Trotz dieser recht weiten Formulierung ist die Verfassungsbeschwerde jedoch ein **außerordentlicher Rechtsbehelf**, der grundsätzlich erst am Ende eines Rechtswegs steht. Sie ist als subsidiärer Rechtsbehelf nicht parallel zu anderen Rechtsbehelfen zugelassen, sondern setzt die Einlegung der „normalen" Rechtsbehelfe zu ihrer eigenen Zulässigkeit gerade voraus. Ihre Eigenartigkeit kommt auch darin zum Ausdruck, dass sie keinen Suspensiveffekt hat. Schließlich kann mit der Verfassungsbeschwerde nur die **Verletzung von Grundrechten** gerügt werden, das BVerfG prüft also bei einer Verfassungsbeschwerde gegen andere Gerichtsentscheidungen grundsätzlich nicht, ob diese Gerichte das einfache Recht richtig angewandt haben. **381**

382   Die Verfassungsbeschwerde ist die **ganz überwiegende Verfahrensart** beim BVerfG. Sie macht derzeit im Jahr ungefähr 6000 Verfahren (Eingänge 2012: 5818) gegenüber zwischen 100 und 200 (Eingänge 2012: 129) sonstigen Verfahren aus. Hiervon sind durchschnittlich ca. 2 % der Verfassungsbeschwerdeverfahren erfolgreich (von den Erledigungen 2012: 2,8 %), was auf den ersten Blick gering erscheinen mag; man muss sich jedoch vor Augen führen, dass sich hinter dieser Zahl immerhin über 100 Grundrechtsverstöße pro Jahr verbergen, die ganz überwiegend bereits den gesamten Instanzenzug der „einfachen" Gerichtsbarkeit mit jeweils eigenen Grundrechtsprüfungen erfolglos durchlaufen haben.

B. Prüfungsschema: Zulässigkeit der Verfassungsbeschwerde

383   Das Verfassungsbeschwerdeverfahren ist an bestimmte Zulässigkeitsvoraussetzungen gebunden. Die Terminologie für die einzelnen Prüfungspunkte differiert in der Literatur zuweilen, inhaltlich ergeben sich jedoch keine Unterschiede. In schematischer Form sind die Zulässigkeitsvoraussetzungen folgende:

384   **Schema 6: Die Verfassungsbeschwerde (Art. 93 Abs. 1 Nr. 4 a GG; §§ 13 Nr. 8 a, 90 ff. BVerfGG)**

I. Zulässigkeit

1. Antragsberechtigung: jeder

2. Verfahrensfähigkeit

3. Beschwerdegegenstand: jede Maßnahme deutscher Staatsgewalt

4. Beschwerdebefugnis:

   a) Behauptung einer Grundrechtsverletzung

   b) Verletzung „selbst, gegenwärtig und unmittelbar"

5. Frist und Form

6. Rechtswegerschöpfung

II. Begründetheit

...

C. Zulässigkeitsvoraussetzungen der Verfassungsbeschwerde

I. Antragsberechtigung

Antragsberechtigt ist nach § 90 Abs. 1 BVerfGG **jedermann**, so- **385** weit er fähig ist, Träger von Grundrechten zu sein. Hier spielen die oben bereits angesprochenen Fragen der Grundrechtsfähigkeit, beispielsweise für Ausländer oder juristische Personen, eine Rolle.

II. Verfahrensfähigkeit

Die Verfahrensfähigkeit richtet sich nach der Grundrechtsmündig- **386** keit; diese muss für jedes Grundrecht gesondert und im Einzelfall bestimmt werden. Für das BVerfG ist hierbei die **Einsichtsfähigkeit im Einzelfall** als tatsächliches Merkmal der Grundrechtsausübung von Belang, nicht aber die rechtliche Handlungsfähigkeit, beispielsweise nach den Regelungen des BGB zur Geschäftsfähigkeit.

Beispiel: Ein 14-jähriger Redakteur einer Schülerzeitung kann die Pressefreiheit vor dem BVerfG selbständig geltend machen, wenn er einsichtsfähig ist.

III. Beschwerdegegenstand

Beschwerdegegenstand kann nach § 90 Abs. 1 BVerfGG jede **387** Grundrechtsverletzung durch die öffentliche Gewalt sein. Hierunter fallen **alle Maßnahmen durch die deutsche Staatsgewalt**. Dies können sowohl gerichtliche Entscheidungen als auch Gesetze sein. Bei gerichtlichen Entscheidungen aus mehreren Instanzen ist Beschwerdegegenstand üblicherweise die Entscheidung der letzten Instanz, allerdings kann der Beschwerdeführer auch die vorinstanzlichen Entscheidungen angreifen, wenn er dort ebenfalls Grundrechtsverletzungen sieht. Bei Vorliegen einer Schutzpflicht kann auch ein gesetzgeberisches Unterlassen Gegenstand einer Verfassungsbeschwerde sein.

IV. Beschwerdebefugnis

Gemäß § 90 Abs. 1 BVerfGG muss der Beschwerdeführer **behaup- 388 ten**, in einem seiner Grundrechte oder in diesen gleichgestellten, dort genannten Rechte aus dem Grundgesetz verletzt zu sein. Prüfungsmaßstab können also nur die in Art. 93 Abs. 1 Nr. 4 a GG und in § 90 Abs. 1 BVerfGG genannten Rechte sein. Dies bedeutet weiterhin, dass die Verfassungsbeschwerde ausreichend substantiiert vorgetragen werden muss, sich also aus dem Vortrag des Beschwerdeführers ergibt, dass eine Grundrechtsverletzung möglich erscheint.

389   Schließlich muss der Beschwerdeführer behaupten, **selbst, gegenwärtig und unmittelbar** in seiner grundrechtlich geschützten Position betroffen zu sein. Dieses Kriterium hat seine eigentliche Bedeutung bei Verfassungsbeschwerden gegen Gesetze, wird vom BVerfG in neuerer Zeit aber auch bei Urteilsverfassungsbeschwerden herangezogen und ersetzt so die Kontrolle des Rechtsschutzbedürfnisses. Bei Urteilsverfassungsbeschwerden sollte dieser Punkt daher nur dann angesprochen werden, wenn sich hierfür im Sachverhalt Hinweise ergeben.

390   **Selbst** ist der Beschwerdeführer **betroffen**, wenn sich eine Norm, eine gerichtliche Entscheidung oder ein Einzelakt an ihn selbst richten.

> **Beispiel:** Ein Nichtraucherschutzgesetz verbietet das Rauchen in Gaststätten. Die Gastwirte sind selbst betroffen.

391   **Gegenwärtige Betroffenheit** liegt vor, wenn die angegriffene Maßnahme die Rechtsstellung des Beschwerdeführers aktuell einschränkt. Es ist also nicht ausreichend, dass der Beschwerdeführer irgendwann einmal in der Zukunft betroffen sein könnte. Ausnahmsweise kann auch ein verkündetes, aber noch nicht in Kraft getretenes Gesetz gegenwärtige Betroffenheit erzeugen. Kriterium ist hier, dass die Betroffenen bereits jetzt zu weitreichenden Dispositionen veranlasst werden.

> **Beispiel:** Tritt das Nichtraucherschutzgesetz erst in drei Monaten in Kraft, sind die Gastwirte bereits jetzt gegenwärtig betroffen.

392   Die **unmittelbare Betroffenheit** ist nur bei Verfassungsbeschwerden unmittelbar gegen Gesetze relevant und dann gegeben, wenn das Gesetz in die Rechte des Betroffenen eingreift, ohne zu seiner Durchführung rechtsnotwendig oder auch nur nach der tatsächlichen Verwaltungspraxis eines besonderen, vom Willen der Exekutive beeinflussten Vollziehungsakts zu bedürfen. Letztlich wird so dem Gedanken der Subsidiarität der Verfassungsbeschwerde Rechnung getragen, wichtig ist dies aber vor allem deshalb, um einem im Gesetz eingeräumten Entscheidungsspielraum der Verwaltung, z. B. in Form einer Ermessensentscheidung, Genüge zu tun.

> **Beispiel:** Das Rauchverbot des Nichtraucherschutzgesetzes gilt unmittelbar, eines Verwaltungsaktes bedarf es nicht, ein Ermessen ist der Verwaltung nicht eingeräumt.

V. Frist und Form

Nach § 93 Abs. 1 Satz 1 BVerfGG ist die Verfassungsbeschwerde **393** **gegen Gerichtsentscheidungen** binnen eines Monats zu erheben und zu begründen. Für Verfassungsbeschwerden unmittelbar **gegen Gesetze** gilt nach § 93 Abs. 3 BVerfGG eine Frist von einem Jahr nach Inkrafttreten des Gesetzes. Dasselbe gilt für sonstige Hoheitsakte, gegen die ein Rechtsweg nicht besteht. Die Form richtet sich nach § 23 Abs. 1 Satz 1 BVerfGG: Hiernach sind Anträge schriftlich einzureichen.

VI. Rechtswegerschöpfung

Eine Verfassungsbeschwerde ist erst nach Erschöpfung des Rechts- **394** wegs zulässig, sofern gegen die Maßnahme der öffentlichen Gewalt, gegen die sich der Beschwerdeführer wendet, ein solcher eröffnet ist. Dies bedeutet zunächst, dass der Beschwerdeführer alle jeweils vorgesehenen formellen Rechtsmittel eingelegt und nicht zurückgenommen haben darf. Informelle Rechtsmittel wie zum Beispiel Gegenvorstellungen zählen nicht hierzu, ebenso ist die Landesverfassungsbeschwerde kein Rechtsweg nach § 90 Abs. 2 BVerfGG („zweigleisiger verfassungsrechtlicher Grundrechtsschutz").

Unter den Begriff **„Subsidiarität"** werden zudem inhaltliche An- **395** forderungen an den Beschwerdeführer für sein Verhalten innerhalb des Rechtsweges gestellt. Hiernach darf der Beschwerdeführer in der Verfassungsbeschwerde keine neuen Tatsachen vortragen oder erstmalig Verfahrensfehler rügen, die bereits in den Ausgangsverfahren gerügt werden hätten können. Der Beschwerdeführer ist jedoch nicht dazu verpflichtet, bereits in den Ausgangsverfahren verfassungsrechtliche Rügen zu erheben. Unter dem Gesichtspunkt der Subsidiarität ist auch eine Verfassungsbeschwerde gegen eine letztinstanzliche Entscheidung im einstweiligen Rechtsschutzverfahren vor Erschöpfung des Rechtsweges in der Hauptsache unzulässig, wenn das Hauptsacheverfahren die Möglichkeit bietet, der Grundrechtsverletzung abzuhelfen und seine Durchführung nicht unzumutbar ist. Der Prüfungspunkt „Subsidiarität" sollte – anders als dies in Prüfungsschemata oftmals zu sehen ist – nur angesprochen werden, wenn sich hierzu Hinweise im Sachverhalt ergeben.

Nach § 90 Abs. 2 Satz 2 BVerfGG kann von der Notwendigkeit der **396** Rechtswegerschöpfung abgesehen werden, wenn die Verfassungsbeschwerde von allgemeiner Bedeutung ist oder dem Beschwerdeführer andernfalls ein schwerer und unabwendbarer Nachteil entstünde („**Vorabentscheidung**"). Auf diese Weise wird es praktisch in das Ermessen des BVerfG gestellt, auf die Rechtswegerschöpfung zu verzichten.

397   Da gegen Gesetze kein Rechtsweg im Sinne von § 90 Abs. 2 BVerfGG existiert, ist bei einer **Gesetzesverfassungsbeschwerde** die Erschöpfung des Rechtsweges nicht zu prüfen.

VII. Sonstige Verfahrensaspekte

398   In der Praxis des BVerfG geht der Prüfung der Zulässigkeitsvoraussetzungen einer Verfassungsbeschwerde die **Annahme zur Entscheidung** nach §§ 93 a ff. BVerfGG voraus. Dieses Instrument wurde eingeführt, um angesichts der Vielzahl von Verfassungsbeschwerden die Funktionsfähigkeit des Gerichts zu gewährleisten, wirkt sich für die Betroffenen aber zuweilen wie ein „Lotteriespiel" aus. Die Voraussetzungen des Annahmeverfahrens finden sich in den §§ 93 a ff. BVerfGG; zuständig hierfür ist die Kammer. Nicht abgelehnten Verfassungsbeschwerden gibt entweder die Kammer statt oder der Senat entscheidet über die Annahme. Auf Fragen des Annahmeverfahrens ist in der Prüfung einer Verfassungsbeschwerde nicht einzugehen.

399   In seiner Entscheidung gibt das BVerfG der Verfassungsbeschwerde statt, sofern die Maßnahme verfassungswidrig ist und die Grundrechtsverletzung hierauf beruht oder beruhen kann.

Kapitel 8. Exemplarische Fallösung

Zur Wiederholung der Falllösungstechnik folgt exemplarisch die **400** gutachterliche Bearbeitung einer Gesetzesverfassungsbeschwerde.

A. Sachverhalt

Die Bundesregierung beabsichtigt, die Pflicht zur religiösen und **401** weltanschaulichen Neutralität für verschiedene Bundesbeamte bei der Ausübung ihrer Ämter einfachgesetzlich näher zu konkretisieren. Hierzu erarbeitet das Bundesministerium des Innern den Gesetzentwurf für einen § 52a, der das Bundesbeamtengesetz ergänzen soll. Dieser neue § 52a BBG lautet:

„¹Beamtinnen und Beamte, die als ... oder im Bereich der Rechtspflege beschäftigt sind, dürfen innerhalb des Dienstes keine sichtbaren religiösen oder weltanschaulichen Symbole, die für die Betrachterin oder den Betrachter eine Zugehörigkeit zu einer bestimmten Religions- oder Weltanschauungsgemeinschaft demonstrieren, und keine auffallenden religiös oder weltanschaulich geprägten Kleidungsstücke tragen. ²Das gilt im Bereich der Rechtspflege nur für Beamtinnen und Beamte, die hoheitlich tätig sind.“

Hintergrund des Gesetzentwurfs ist der Übertritt mehrerer Beamtin- **402** nen unter anderem bei den Bundesgerichten zum Islam. Alle diese Beamtinnen sind zudem zu der Überzeugung gelangt, aus religiösen Gründen ständig – also auch während ihres Dienstes – ein Kopftuch tragen zu müssen.

Insbesondere die (beamtete und deutsche) Protokollführerin A beim **403** Bundesverwaltungsgericht hatte bereits während der öffentlichen Diskussion, die der Erstellung des Gesetzentwurfs vorausgegangen war, mehrmals in den Medien verkündet, dass sie „gegen dieses religions- und islamfeindliche Gesetz sofort nach Karlsruhe gehen werde“. Der Leiter des zuständigen Dienstrechtsreferats im Bundesministerium des Innern bittet Sie daher zu prüfen, ob A nach der Verkündung des Gesetzes sofort Verfassungsbeschwerde einlegen könnte und ob diese Aussicht auf Erfolg hätte.

Bearbeitungshinweis: Bitte prüfen Sie umfassend die Erfolgsaus- **404** sichten einer Verfassungsbeschwerde der A; unterstellen Sie dabei, dass diese drei Tage nach Inkrafttreten des § 52a BBG eingelegt wird und bis dahin eine konkrete Maßnahme des Dienstherrn aufgrund der Norm nicht ergangen ist. Von der formellen Rechtmäßigkeit des § 52a BBG ist auszugehen.

B. Lösungsvorschlag

405   Die Verfassungsbeschwerde hat Aussicht auf Erfolg, wenn sie zulässig und begründet ist.

I. Zulässigkeit der Verfassungsbeschwerde

406   Die Zulässigkeit der Verfassungsbeschwerde folgt aus Art. 93 Abs. 1 Nr. 4 a GG, §§ 13 Nr. 8 a, 90 ff. BVerfGG.

1. Antragsberechtigung

407   Nach § 90 Abs. 1 BVerfGG ist jedermann antragsberechtigt, soweit er fähig ist, Träger von Grundrechten zu sein.

408   A ist als natürliche Person Trägerin von Grundrechten und daher ohne weiteres antragsberechtigt. Auch unter Berücksichtigung des besonderen Status der A als Beamtin ergibt sich für die Antragsberechtigung nichts anderes. „Besondere Gewaltverhältnisse", für die bis zur Strafvollzugsentscheidung des Bundesverfassungsgerichts 1972 eine nur eingeschränkte oder überhaupt keine Grundrechtsgeltung angenommen wurde, existieren nicht mehr, derartige Näheverhältnisse zwischen Staat und Bürger (heute auch Sonderstatus- oder Sonderrechtsverhältnis genannt) – wie beispielsweise das Beamtenverhältnis – sind von der Grundrechtsgeltung nicht ausgenommen.

Dies bedeutet nicht, dass innerhalb solcher Näheverhältnisse staatliche Eingriffe grundrechtlich genauso zu bewerten sind wie außerhalb. Vielmehr kann sich aufgrund des verfassungsrechtlich legitimierten Zwecks einer staatlichen Einrichtung für den bei ihr tätigen Bürger in der Verhältnismäßigkeitsprüfung durchaus ein anderes Abwägungsergebnis ergeben als für sonstige Bürger. Wichtig ist jedoch, dass nur durch eine solche Abwägung rational und nachvollziehbar bestimmt werden kann, welche Verfassungsgüter präferiert werden. Würde dagegen bereits der Schutzbereich für nicht eröffnet erklärt, gelangte man erst gar nicht zu einer Abwägung.

2. Beschwerdegegenstand

Gegenstand einer Verfassungsbeschwerde kann jede Maßnahme der **409** deutschen unmittelbaren und mittelbaren Staatsgewalt sein (§ 90 Abs. 1 BVerfGG), die Rechtswirkungen entfaltet. Die Maßnahme kann auch eine des Gesetzgebers sein und liegt in hier in der Verabschiedung von § 52a BBG.

3. Beschwerdebefugnis

Die Beschwerdeführerin muss nach § 90 Abs. 1 BVerfGG plausibel **410** behaupten, in einem ihrer Grundrechte oder in diesen gleichgestellten, dort genannten Rechten aus dem Grundgesetz verletzt zu sein. A behauptet eine Verletzung ihrer Grundrechte aus Art. 4 Abs. 1 und 2 und Art. 12 Abs. 1 GG. Eine Verletzung der angeführten Grundrechte erscheint nicht ausgeschlossen. Außerdem behauptet die Beschwerdeführerin, selbst, gegenwärtig und unmittelbar in ihren grundrechtlich geschützten Positionen verletzt zu sein. Die eigene Betroffenheit ergibt sich daraus, dass sich die Regelung der Norm gegen sie selbst richtet. Die Beschwerdeführerin ist auch gegenwärtig betroffen, d. h. die Rechtsstellung der Beschwerdeführerin ist nach Inkrafttreten der Norm aktuell eingeschränkt und wird nicht irgendwann in der Zukunft betroffen sein. Das Kriterium der unmittelbaren Betroffenheit erlangt nur bei Verfassungsbeschwerden unmittelbar gegen Gesetze eine eigenständige Bedeutung; es bedeutet dort, dass kein weiterer Vollzugsakt erforderlich sein darf, um die Betroffenheit herzustellen. Dies ist hier gegeben, da die Regelung unmittelbare Wirkung entfaltet und keines weiteren Vollzugsaktes bedarf. Die A ist daher beschwerdebefugt.

4. Frist und Form

Die Verfassungsbeschwerde gegen ein Gesetz ist nach § 93 Abs. 3 **411** BVerfGG binnen eines Jahres zu erheben; die Frist beginnt mit dem Inkrafttreten des Gesetzes. A hat diese Frist eingehalten.

Hinsichtlich der nach § 23 Abs. 1 Satz 1 BVerfGG erforderlichen **412** Schriftform und Begründung sind dem Sachverhalt keine Angaben zu entnehmen; daher ist die Einhaltung des Formerfordernisses zu unterstellen.

5. Erschöpfung des Rechtsweges

Nach § 90 Abs. 2 Satz 1 BVerfGG kann die Verfassungsbeschwer- **413** de erst nach Erschöpfung des Rechtsweges erhoben werden, sofern gegen die Verletzung der Rechtsweg eröffnet ist. Gegen den Erlass eines Gesetzes ist an sich kein Rechtsmittel und kein Rechtsweg vorgesehen. Fraglich ist aber, ob dieser Grundsatz durch § 126 BBG modifiziert wird, wonach für alle Klagen der Beamten aus dem Beamtenverhältnis der Verwaltungsrechtsweg (mit vorgeschaltetem Widerspruchsverfahren) gegeben ist. Nach dem Wortlaut der Norm wäre hier bei unmittelbarer Einlegung der Verfassungsbeschwerde der Rechtsweg nicht erschöpft. Allerdings ist nach dem Telos von § 126 BBG zu fragen: Zum einen wollte die Norm auch dort, wo in der verwaltungsprozessualen Vergangenheit allgemein kein Rechtsweg existierte – wo also kein Verwaltungsakt vorlag –, für Beamte einen Rechtsweg eröffnen, zum anderen durch die obligatorische Vorschaltung des Widerspruchsverfahrens generell die Selbstkontrolle der Verwaltung ermöglichen. Beide Aspekte sind hier nicht einschlägig, da Prüfungsgegenstand nur das Gesetz sein soll, über dessen Verfassungsmäßigkeit letztlich verbindlich ohnehin nur das Bundesverfassungsgericht entscheiden darf. Daher ist es überzeugend, auch im Beamtenverhältnis in der Konstellation einer Verfassungsbeschwerde unmittelbar gegen ein Gesetz die Geltung von § 126 BBG abzulehnen.

> Selbstverständlich kann hier auch die Geltung von § 126 BBG vertreten werden; dann müsste die Zulässigkeit der Verfassungsbeschwerde abgelehnt werden und anschließend hilfsgutachtlich weitergeprüft werden.

414   Die unmittelbare Einlegung der Verfassungsbeschwerde zum Bundesverfassungsgericht durch A ist zulässig.

6. Ergebnis

415   Die Verfassungsbeschwerde der A ist zulässig.

II. Begründetheit

1. Verletzung von Art. 4 Abs. 1 und 2 GG

a) Schutzbereich

416   Art. 4 Abs. 1 und 2 GG formuliert verschiedene Freiheitsgarantien, die das Bundesverfassungsgericht und der überwiegende Teil der Literatur als einheitlichen Schutzbereich der Religions- und Weltanschauungsfreiheit ansehen. Dieser umfasst die Freiheit, einen Glauben oder eine Weltanschauung, also die religiöse oder areligiöse Sinndeu-

tung von Welt und Mensch, zu bilden, zu haben, zu äußern und entsprechend zu handeln. Die verschiedenen Modalitäten sind nur unterschiedliche Ausprägungen eines einheitlichen Grundrechtes, die rechtlich gleich zu behandeln sind. Eine trennscharfe Abgrenzung der
Einzelverbürgungen in Art. 4 Abs. 1 und 2 GG ist nach verbreiteter
Auffassung kaum möglich, der differenzierende Wortlaut hat historische Gründe und klarstellende Funktion.

Das hier einschlägige religionsgeleitete Verhalten als Teil der Reli- **417**
gionsausübungsfreiheit umfasst nicht nur kultische Handlungen und
religiöse Gebräuche, sondern auch das Recht des einzelnen, sein ge-
samtes Verhalten an den Lehren seines Glaubens auszurichten und
seiner inneren Glaubensüberzeugung gemäß zu leben. Das Grundgesetz gewährleistet dabei nicht nur diejenige Betätigung des Glaubens,
die sich bei den heutigen Kulturvölkern auf dem Boden gewisser
übereinstimmender sittlicher Grundanschauungen im Laufe der ge-
schichtlichen Entwicklung herausgebildet hat. Damit der Schutzbereich
nicht konturenlos wird, muss es sich jedoch tatsächlich, nach geistigem
Gehalt und äußerem Erscheinungsbild, um eine Religion handeln; eine
insofern aufgestellte Behauptung muss plausibel sein.

Es besteht kein Grund, die Plausibilität eines aus dem Islam abgeleite- **418**
ten Kopftuchtragegebots für Frauen anzuzweifeln, auch wenn ein solches
religiöses Gebot nur für einen Teil der muslimischen Frauen Gültigkeit
besitzt. Sollte die A also zu der Auffassung gelangen, dass auch für sie
die Bedeckung des Kopfes aus religiösen Gründen zwingend ist, fiele
dieses Verhalten in den Schutzbereich der Religionsfreiheit.

Das Tragen des Kopftuches während des Dienstes ist von der Reli- **419**
gionsfreiheit geschützt.

b) Eingriff

A ist als Protokollführerin während der Gerichtsverhandlungen ho- **420**
heitlich tätig. Durch das Verbot, als Beamtin im Bereich der Rechtspflege
innerhalb des Dienstes sichtbare religiöse Symbole oder auffallende
religiös geprägte Kleidungsstücke – wie bei A ein Kopftuch – zu tragen,
greift § 52a BBG in den Schutzbereich der Religionsfreiheit ein.

c) Verfassungsrechtliche Rechtfertigung

aa) Gesetzesvorbehalt

Der Eingriff durch § 52a BBG ist gerechtfertigt, wenn die Norm **421**
verfassungsgemäß ist. Die Religionsfreiheit wird insbesondere vom
Bundesverfassungsgericht als vorbehaltloses, vom überwiegenden
Teil der Lehre aber als durch Art. 136 Abs. 1 WRV begrenztes Grundrecht angesehen. In beiden Fällen kann der Eingriff gerechtfertigt sein,

wenn er durch Gesetz erfolgt; sieht man Art. 4 Abs. 1 und 2 GG als vorbehaltloses Grundrecht an, gilt dies allerdings nur, wenn sich das Gesetz auf verfassungsimmanente Schranken stützen lässt. Als solche kommen für § 52a BBG zwei Verfassungsgüter in Betracht: Zum einen nach Art. 4 Abs. 1 und 2 GG die negative Religionsfreiheit der Gerichtsunterworfenen und -besucher, zum anderen die religiöse und weltanschauliche Neutralitätspflicht des Staates, die eine Abstrahierung der negativen Religionsfreiheit des Art. 4 Abs.1 und 2 GG darstellt und sich zudem auf Art. 137 Abs. 1, 136 Abs. 1 und 2 WRV in Zusammenspiel mit Art. 3 Abs. 3 GG und Art. 33 Abs. 3 GG stützen lässt. Im Hinblick auf die Rechtspflege lässt sich zudem ihre Funktionsfähigkeit als Verfassungsrechtsgut ins Feld führen, die bei fehlender Neutralität der handelnden Personen ebenfalls gefährdet sein könnte.

422   Die im Sinne der praktischen Konkordanz erforderliche Abwägung zwischen der positiven Religionsfreiheit der Beamtin einerseits und der negativen Religionsfreiheit des Gerichtsbesuchers sowie der religiösen und weltanschaulichen Neutralitätspflicht des Staates andererseits kann nicht abstrakt, also unabhängig von § 52a BBG erfolgen, sondern muss in die Verhältnismäßigkeitsprüfung der Eingriffsnorm einbezogen werden. Ein Unterschied folgt aus den beiden Auffassungen also nicht.

bb) Eingreifendes Gesetz

423   Die Bundesrepublik Deutschland hat mit § 52a BBG eine geeignete Ermächtigungsgrundlage für die Rechtfertigung eines Eingriffs in die Religionsfreiheit erlassen.

cc) Verfassungsmäßigkeit des Gesetzes

aaa) Formelle Verfassungsmäßigkeit

424   Von der formellen Verfassungsmäßigkeit des § 52a BBG ist auszugehen.

bbb) Materielle Verfassungsmäßigkeit

425   § 52a BBG muss eine verhältnismäßige Eingriffsnorm darstellen.

α) Verfassungslegitimer Zweck

426   § 52a BBG verfolgt mit dem Schutz der negativen Religionsfreiheit der Gerichtsbesucher und der Neutralitätspflicht des Staates – und damit mittelbar auch der Funktionsfähigkeit der Rechtspflege – verfassungslegitime Ziele.

β) Geeignetheit

Das Verbot, religiöse Zeichen und Kleidungsstücke während der **427** Ausübung des Dienstes zu tragen, ist ein geeignetes Mittel, diese Zwecke zu erreichen.

γ) Erforderlichkeit

Erforderlich ist § 52a BBG, wenn es keine milderen Mittel gibt, die **428** das erstrebte Ziel genauso effektiv verwirklichen können. Ein Mittel, das derartige Beeinträchtigungen in gleicher Weise verhindern kann, ist nicht ersichtlich.

δ) Verhältnismäßigkeit im engeren Sinne

Schließlich darf die Regelung des § 52a BBG nicht außer Verhältnis **429** zur Religionsfreiheit stehen. Hier kommt es nun auf eine Abwägung der genannten Verfassungsgüter an, einerseits der Religionsfreiheit der A, andererseits der negativen Religionsfreiheit der Gerichtsbesucher und der Pflicht des Staates zur religiösen und weltanschaulichen Neutralität. Die Neutralitätspflicht des Staates hat für das Zusammenleben in einer pluralen Gesellschaft überaus große Bedeutung. Sie erst lässt auch in religiösen oder politischen Angelegenheiten für die heterogen orientierten Menschen die Ausübung von Staatsgewalt akzeptabel erscheinen. Gerade in einem Gericht wird die Ausübung der Staatsgewalt vom Bürger besonders intensiv als solche wahrgenommen: Hier werden Entscheidungen in Rechtsstreitigkeiten getroffen oder Strafurteile gefällt, deren Akzeptanz den Rechtsstaat erst ermöglicht. Der Eindruck, dass der Staat sich dabei in Gestalt seiner Amtsträger – wenn auch nur äußerlich – mit irgendwelchen gesellschaftlichen Standpunkten identifiziert und daher nicht mehr neutral entscheidet, ist geeignet, diese Funktion des Staates ernsthaft zu gefährden. Zudem ist der Gerichtsbesucher angesichts des Gewaltmonopols des Staates gezwungen, in bestimmten Situationen Gerichte in Anspruch nehmen oder vor ihnen erscheinen zu müssen. Er würde in diesen Situationen zwangsweise durch den Staat mit einer Religion und ihrer Ausübung konfrontiert werden, die nicht seiner eigenen entspricht. Wenngleich eine Protokollführerin als Beamtin des mittleren Dienstes im Vergleich zum Richter nur eine nachgeordnete Funktion ausübt, hat sie dennoch einen wichtigen Anteil an einer Gerichtsverhandlung. Demgegenüber ist A nach der Regelung des § 52a BBG gezwungen, entweder nicht ihrer Religion gemäß zu leben oder ihre Tätigkeit zu wechseln. Darin liegt ein gravierender Eingriff, der jedoch insbesondere im Verhältnis zur existentiellen Notwendigkeit für den freiheitlichen Staat, seine Neutralität zu bewahren, von geringerem Gewicht erscheint. Auch das Gebot eines angemessenen Ausgleichs konkurrierender Grundrechte und

Rechte mit Verfassungsrang verlangt nicht, dass alle betroffenen Rechtspositionen gleichermaßen Einbußen erleiden. Der Gesetzgeber darf eine Lösung wählen, nach der eines der beteiligten Rechte zu weichen hat. Außerdem könnte A auf einen Dienstposten umgesetzt werden, auf dem sie nicht hoheitlich tätig ist, so dass dann § 52a Satz 2 BBG zum Tragen käme. Das Gesetz ist auch nicht deshalb unverhältnismäßig, weil keine individuelle Prüfung der Absichten vorgesehen ist, die mit dem Tragen des Kopftuches verbunden sind: Vielmehr soll abstrakten Gefahren bereits im Vorfeld begegnet werden, und wenn der Beamte prinzipiell bundesweit einsetzbar sein soll, ist es folgerichtig, auch ein abstraktes Verbot für religiöse Symbole festzulegen. § 52a BBG ist als verhältnismäßig im engeren Sinne anzusehen.

d) Ergebnis

430   § 52a BBG verletzt B nicht in ihrer Religionsfreiheit.

2. Verletzung von Art. 12 Abs. 1 GG

a) Schutzbereich

431   Der persönliche Schutzbereich von Art. 12 Abs. 1 GG ist für A als Deutsche eröffnet. In sachlicher Hinsicht ist ihre Tätigkeit als Beamtin eine solche, die der Schaffung und Erhaltung einer Lebensgrundlage dient oder beiträgt; der Schutzbereich ist also auch insofern eröffnet.

b) Eingriff

432   Ein Eingriff in die Berufsfreiheit liegt dann vor, wenn die berufliche Tätigkeit durch imperative Regelungen geregelt oder beeinträchtigt wird. Hier hat der Gesetzgeber die Berufsausübung jedenfalls eines Teils der Bundesbeamten mit der Regelung versehen, keine religiös motivierten Zeichen oder Kleidungsstücke im Dienst zu tragen; damit liegt ein Eingriff vor.

c) Verfassungsrechtliche Rechtfertigung

aa) Gesetzesvorbehalt

433   Art. 12 Abs. 1 GG enthält den einfachen Gesetzesvorbehalt, dass die Berufsausübung durch Gesetz oder aufgrund eines Gesetzes geregelt werden kann. Da das Bundesverfassungsgericht seit dem Apothekenurteil den Schutzbereich von Art. 12 Abs. 1 GG als einheitlichen ansieht, gilt auch der Gesetzesvorbehalt für alle Schutzmodalitäten. Insofern braucht hier noch nicht entschieden werden, inwiefern § 52a BBG in den Schutzbereich eingreift. Ein Gesetzesvorbehalt ist also vorhanden.

bb) Eingreifendes Gesetz

Das eingreifende Gesetz ist mit § 52a GG gegeben. **434**

cc) Verfassungsmäßigkeit des Gesetzes

aaa) Formelle Verfassungsmäßigkeit

Die formelle Verfassungsmäßigkeit des Gesetzes ist zu unterstellen. **435**

bbb) Materielle Verfassungsmäßigkeit

Schließlich muss § 52a BBG auch im Hinblick auf Art. 12 Abs. 1 **436**
GG verhältnismäßig sein.

α) Verfassungslegitimer Zweck

§ 52a BBG verfolgt mit dem Schutz der negativen Religionsfreiheit **437**
der Gerichtsbesucher und der Neutralitätspflicht des Staates – und
damit mittelbar auch der Funktionsfähigkeit der Rechtspflege – verfassungslegitime Ziele.

β) Geeignetheit

Das Verbot, religiöse Zeichen und Kleidungsstücke während der **438**
Ausübung des Dienstes zu tragen, ist ein geeignetes Mittel, diese
Zwecke zu erreichen.

γ) Erforderlichkeit

Erforderlich ist § 52a BBG, wenn es keine milderen Mittel gibt, die **439**
das erstrebte Ziel genauso effektiv verwirklichen können. Ein Mittel,
das derartige Beeinträchtigungen in gleicher Weise verhindern kann,
ist nicht ersichtlich.

δ) Verhältnismäßigkeit im engeren Sinn

Schließlich darf die Regelung des § 52a BBG nicht außer Verhältnis **440**
zur Berufsfreiheit stehen. Hier kommt es nun auf eine Abwägung der
genannten Verfassungsgüter an, einerseits der Berufsfreiheit der B, andererseits der negativen Religionsfreiheit der Gerichtsbesucher und der
Pflicht des Staates zur religiösen und weltanschaulichen Neutralität.

Gleichsam als „Vorsortierung" wird bei Art. 12 Abs. 1 GG an dieser **441**
Stelle üblicherweise der Eingriff einer der Stufen der sog. „Drei-
Stufen-Lehre" zugeordnet, um dann einen abstrakten Anhaltspunkt für
die Rechtfertigung zu erhalten. Hier stellt § 52a BBG eine Berufsausübungsregelung dar, so dass die erste und mildeste Stufe betroffen ist.
Auf dieser Stufe sind Eingriffe aus vernünftigen Gründen des Allge-
meinwohls gerechtfertigt; dies ist angesichts des Schutzes der negativen Religionsfreiheit und der Neutralitätspflicht des Staates unzweifel-

haft und sogar mit unmittelbarer Stützung im Grundgesetz gegeben. Daher ist auch die Verhältnismäßigkeit im engeren Sinne gewahrt.

d) Zwischenergebnis

442   § 52a BBG verletzt A auch nicht in ihrer Berufsfreiheit.

3. Verletzung von Art. 3 Abs. 1 i. V. m. Art. 3 Abs. 3 Satz 1 und Art. 33 Abs. 3 GG

443   Weiterhin kann das – kein Freiheitsrecht verletzende – Verbot, als Bundesbeamtin sichtbare religiöse Symbole oder Kleidungsstücke zu tragen, gegen Art. 3 Abs. 1 i. V. m. Art. 3 Abs. 3 Satz 1 und Art. 33 Abs. 3 GG verstoßen. Innerhalb der Vergleichsgruppe „Religiöser Beamter, der hoheitlich tätig ist", liegt jedoch keine Ungleichbehandlung vor: Das Verbot richtet sich gleichermaßen an die Angehörigen aller Religionen und Weltanschauungen. Mangels einer Ungleichbehandlung kann daher auch keine Verletzung von Art. 3 Abs. 1 i. V. m. Art. 3 Abs. 3 Satz 1 und Art. 33 Abs. 3 GG gegeben sein.

4. Ergebnis

444   Die Verfassungsbeschwerde der A ist nicht begründet.

III. Gesamtergebnis

445   Die Verfassungsbeschwerde der A ist zulässig, aber nicht begründet.

Stichwortverzeichnis